Dieter Duhm

Der unerlöste Eros

VERLAG MEIGA

Titelbild: Quasimodos Traum
Ölbild (78/98) von Dieter Duhm, 1984

2. Auflage
Copyright © by Verlag Meiga 1991
Mindener Straße 16
D-1000 Berlin 10
Satz: Thilo Stein
Umschlag: Beate Möller
Druck: Fuldaer Verlagsanstalt
ISBN 3-927266-06-X

Inhalt

Vorwort

Ich habe dieses Buch geschrieben, weil es unvermeidlich war. Das Thema der sexuellen Liebe mußte von einer anderen Seite her gesehen und angegangen werden. Es ist das Thema unserer Zeit, auch wenn die ausgegebenen Parolen manchmal anders lauten. Das Thema der sexuellen Sehnsucht steht im Brennpunkt unserer inneren Gedanken und Gefühle. An unbewältigter Sexualität leiden und erkranken heute mehr Menschen als an Umweltgiften. Wo immer ich mich im Leben engagiert habe – in den revolutionären Gruppen der Studentenbewegung, in der aufkommenden Alternativbewegung der Siebziger Jahre, in meiner Arbeit als Dozent und Therapeut – stieß ich in letzter Instanz auf dieses Thema. Die Versuche, es in Kommunen zu lösen oder in Experimenten mit freier Liebe, sind bis jetzt gescheitert. Auch die verschiedenen therapeutischen oder spirituellen Lösungsansätze haben nicht viel weitergeholfen. Der Kern des Problems ist tief verbunden mit unseren alltäglichen Denk- und Handlungsgewohnheiten. Er kann deshalb unter Beibehaltung dieser Gewohnheiten kaum gesehen und schon gar nicht aufgelöst werden. Die Zeit der sexuellen Revolution sei vorbei, sagt man heute. Aber eigentlich hat sie – im Inneren der Menschen – noch gar nicht richtig angefangen. Zu orientierungslos und zu emotionell waren die bisherigen Versuche, als daß sie schon ins Zentrum der Sache hätten führen können. Es geht auch vorerst nicht um Revolution, sondern um Erkenntnis.

Ich habe dieses Buch für die Liebe geschrieben, auch und gerade dort, wo ich ihre dunklen Stellen aufzeigen mußte. Damit solche Passagen nicht zu schwer werden, habe ich manchmal einen lockeren Ton gewählt. Ich hoffe, daß das Buch von allen Altersstufen gelesen und verstanden werden kann. Wenn man manches nicht gleich versteht, so macht das nichts, es wird sich an anderen Stellen schon verdeutlichen. Ich möchte zeigen, daß es eine realistische Möglichkeit der

Geschlechterliebe gibt, die frei ist von Verstellung, Angst und Eifersucht. Ich möchte die mitdenkenden Leserinnen und Leser und alle Liebenden ermutigen, bei sich selbst diese Möglichkeit zu finden und entsprechend zu handeln. Wenn es für uns und unsere Kinder eine lebenswerte Zukunft gibt, dann liegt sie in einer neuen Form der sinnlichen Liebe.

Man muß dieses Buch nicht von vorne nach hinten lesen. Man soll dort anfangen, wo im Inhaltsverzeichnis gerade der interessanteste Punkt angesprochen ist. Wem die Negativbilanz in den ersten Kapiteln zu viel wird, möge ohne Skrupel die Seiten überschlagen und erst einmal die erfreulicheren Aspekte aufsuchen. Man wird dabei keine wichtige Theorie verpassen, denn fast jeder Abschnitt bildet für sich einen Zusammenhang, der auch ohne weitere Erklärungen verständlich ist. Trotz der Schwere des Themas wünsche ich den Leserinnen und Lesern dieses Buches keine neuen Alpträume, sondern echte Hoffnung und Vorfreude. Die Liebe ist kein Märchen mehr, wir können sie verwirklichen, wenn wir sie verstehen.

TEIL I

UNERLÖSTER EROS – UNERLÖSTE WELT

Bildhauer: Wilson Tiberio, Foto: Lenz Geiger

Das also war des Pudels Kern

Die meisten Menschen sind sehr tapfer in ihrem alltäglichen Kampf gegen die Sexualität. Sie sind bemüht, sich nichts anmerken zu lassen von ihren Phantasien und ihrem Verlangen. Sie kaufen sich ordentliche Kleider, machen ein ordentliches Gesicht und setzen sich einen ordentlichen Hut darauf. Sie sprechen über anständige Dinge, zum Beispiel wo sie im Urlaub waren, wie das Wetter war und wo man gut essen kann. Die heimlichen Begierden am Swimming-pool oder in der Bar verraten sie höchstens ihren intimsten Freunden, falls sie solche haben. Wenn sie der gebildeten Schicht angehören, dann sprechen sie über Kunst oder Religion oder Psychoanalyse. Sie sind dabei so ernsthaft und so geflissentlich wie die Mönche in jenen alten Klöstern, wo sie es dann heimlich trieben und hinterher aus Angst vor Entdeckung und Strafe um so mehr verdrängen mußten. Es ist ungeheuer, was für ein Aufwand der Mensch betreibt, um vor den Augen seiner Mitmenschen anders zu erscheinen, als er ist. Dabei sind die Mitmenschen ja auch nur Menschen. Sie treiben genau dasselbe Spiel, das wir »Kultur«, »Anstand« oder »Moral« nennen. Könnten wir uns nicht langsam auf etwas anderes einigen? Alle fühlen sich verpflichtet, etwas sehr Wesentliches voreinander zu verbergen. Die gesamte Anthropologie, das ist die Wissenschaft vom Menschen, verbirgt den Sex im Menschen wie der Apfel sein Kerngehäuse. Es geschehen dann seltsame Dinge, die nicht in das gewohnte Bild hineinpassen. Da entdeckt eine Professorengattin nach dem Tod ihres Mannes in dessen Schubladen tausend Fotos von Studentinnen mit einer genauen Buchführung, wann und wo er mit ihnen geschlafen hat. Sie hatte vierzig Jahre lang nichts davon gewußt. Da nimmt eine Frau jahrelang Beruhigungstabletten, um ihr nymphomanisches Verlangen nach 1000 Männern zu bekämpfen und ihrem Mann treu zu bleiben. Da vergeht sich jemand an kleinen Mädchen, und bald stellt sich heraus, daß es der gute Onkel war von nebenan. Man könnte solche Reihen endlos fortsetzen. Jeder Mann und jede Frau weiß, wovon ich spreche. Unsere Alltagswelt und unsere heimlichen Phantasien, das sind bis heute zwei verschiedene Welten, von denen man die eine zeigt und die andere verbirgt.

Da spielen sich innere Dramen ab. In Millionen von Jugendlichen, in Millionen von Erwachsenen. Quer durch alle Schichten und Parteien der Gesellschaft. Unabhängig von allen religiösen, politischen oder moralischen Zugehörigkeiten. Für das sexuelle Innenleben eines Menschen ist es ziemlich egal, ob er bei den Grünen ist oder in der CDU, ob er buddhistisch glaubt oder christlich, ob er den Beruf eine Pfarrers ausübt oder den eines Geschäftsmannes. Wir alle haben irgendwann einen heldenhaften Kampf geführt gegen unser Verlangen, wir alle sind irgendwann von ihm besiegt worden, und sei es nur in der Phantasie. Wir alle haben irgendwann auch gegen diese Phantasien gekämpft, um sauber zu bleiben, und wir alle haben uns dabei ganz schön »schmutzig« gemacht. Denn der Kampf gegen den Trieb ist das ständige Öl, das wir ins heimliche Feuer geben.

Damit es klar bleibt: Ich spreche nicht von unseren Großeltern, sondern von uns. Ich spreche nicht von der Prüderie der Viktorianischen Ära zu Beginn unseres Jahrhunderts, sondern vom sexuellen Notstand am Ende unseres Jahrhunderts. Die vermeintliche sexuelle Revolution hat bislang an den Grundstrukturen unseres Fühlens und Denkens wenig verändert. Immer noch steckt in jedem von uns ein verschlossener Kern. Von seiner Entdeckung und seiner Öffnung wird es abhängen, wohin sich die Spezies Mensch entwickelt.

Weltmacht Sexualität

Die Sexualität beherrscht Literatur und Film, Tourismus und Glücksindustrien, Werbung und Autodesign. Nehmen wir ihre unterbewußten Kräfte, Wirkungen, Fangarme und Verführungen hinzu, so durchzieht sie den gesamten Körper einer Gesellschaft wie ein allerfeinstes Nervensystem. Jeder reagiert darauf, ob er es will oder nicht. Sexualität ist die Weltmacht Nummer Eins, weit vor USA, NATO oder anderen Machtsystemen des Menschen.

Wer einen guten Porno anschaut oder liest und sich nicht gleich gegen ihn entrüstet, dem kann es passieren, daß es ihm wie ein Schlag in die Glieder fährt. Was ist das? Wer im Film einer sadomasochistischen Szene beiwohnt, dem kann es passieren, daß er trotz des anfänglichen Erschreckens auf einmal selber Feuer fängt. Wer es zuläßt, in dieser Weise getroffen zu werden, und sich eine Weile der Erregung überläßt, der merkt, daß sie ihm irgendwie ans Fundament geht. Es muß eine gewaltige Macht sein, die so erschüttern kann. Welche? Wer sich seinen geilsten oder »schweinischsten« Phantasien hingibt, ohne sich zu belügen, der merkt, was da für ein ungeheurer Starkstrom fließt. Was für einer? Es sind Signale eines unendlichen Verlangens, eines nichtgelebten Lebens und einer großen heimlichen Wonne, die hier in unser Alltagsleben einschießen.

Wer angesichts seiner Sehnsucht nicht mehr in die alten Ausreden und moralischen Schwindeleien zurückfällt, wer sich durch psychologische oder therapeutische Erklärungen nicht mehr abspeisen läßt, wer sich durch den Gleichschritt der Masse nicht mehr beruhigen läßt, sondern entschlossen ist, diesem Thema zu folgen, der weiß etwas von der Bedeutung der Sexualität.

Im Grunde weiß es jeder. Aber wir leben untereinander in einer heimlichen Komplizenschaft der Verstellung. Wir würden ja sofort unsere gesellschaftliche Existenz – Ehe, Leumund, Beruf und gesellschaftliche Position – gefährden, wenn wir in sexuellen Dingen zur Wahrheit übergingen. Man stelle sich vor, ein Studienrat kommt morgens ins Lehrerzimmer und berichtet seinen Kollegen, welche Phantasien er heute nacht fürs Onanieren benutzt hat. Oder der Bundestag trifft sich zum Thema Abtreibung, und ein Abgeordneter packt seine sexuellen Phantasien aus, um das Thema auf eine wahrheitsgemäße und humane Basis zu bringen. Man stelle sich vor, irgendwo auf den gesellschaftlichen und politischen Bühnen dieser Welt würde jemand anfangen, in diesem Sinne als Mensch zu reden und nicht als Maske! Die Zeitgenossen würden rotieren mit wechselnder Gesichtsfarbe. Sexuelle Ehrlichkeit steht bis jetzt in unversöhnlichem Gegensatz zur öffentlichen Lebensweise, Moral, Wissenschaft, Religion usw. Sexuelle Ehrlichkeit würde uns prompt vor die erschütterndste aller Tatsachen stellen: daß nämlich dieses ganze aufgeputzte Leben angesichts unserer wirklichen Wünsche und Sehnsüchte etwas Lächerliches und tief Verlogenes hat.

Es gehört zu den Perversionen der menschlichen Geistes– und Kulturgeschichte, daß ein Phänomen wie die Sexualität, welches mit seinen körperlichen und seelischen Kräften die gesamte Gesellschaft wie ein zentrales Nervensystem durchzieht, in die bloße Intim– und Privatsphäre verbannt worden ist. Wenn heute nicht noch mehr Menschen an ihrem unbewältigten Privatleben zugrundegehen sollen, muß dieser Irrtum schleunigst korrigiert werden.

Sexualität ist das, was alle bewegt. Sie ist deshalb eine öffentliche Angelegenheit ersten Ranges und muß in jeder halbwegs zurechnungsfähigen Kultur so gesehen und behandelt werden. Es ist ja für die innere Gesundheit einer Gesellschaft von allergrößter Bedeutung, ob ihr sexuelles Nervensystem weiterhin im Dunkeln liegt, unterhalb und außerhalb des öffentlichen Bewußtseins, oder ob es bewußt und offen ins soziale Leben integriert wird. Solange die sexuellen Kräfte abgedrängt bleiben in die privaten Phantasiebereiche, solange besteht die Gefahr von Dammbrüchen, denn die Naturmacht

Sexualität läßt sich auf Dauer nicht abdrängen. Irgendwann bildet sich im Bauch jeder sexualverdrängenden Gesellschaft jenes explosive Gemisch von Sexualität und Gewalt, das dann in seiner entsetzlichen Entladung keine Grenzen mehr kennt. Kreuzzüge, Inquisition, Krieg und KZ sind immer auch die psychologischen Folgen einer im sexuellen Bereich falsch programmierten Gesellschaft. Die bisherige Geschichte des Menschen ist gekennzeichnet von einer Grausamkeit, die wir nicht mehr ignorieren können. Es wird dabei bleiben, wenn wir nicht Grundstrukturen aufbauen für eine Sexualität ohne Lüge und Verdrängung und für die Transformation sexueller Energien von der Gewalt zur sinnlichen Liebe.

Es gibt viele politische oder spirituelle Kreise in unserer Zeit, wo man die Sexualität so laut verschweigt, daß der innere Kampf, der hier immer noch stattfindet im Namen der Verdrängung, kaum zu überhören ist. Es gibt andere Kreise, wo pausenlos über die sexuelle Frage diskutiert wird. Ich weiß nicht, wem das eine oder das andere noch nützen soll. Die Diskussion über sexuelle Fragen hat ja erst einen Sinn, wenn neue Erfahrungen vorliegen oder möglich sind. Und dann bedarf es eigentlich keiner Diskussion mehr. Jeder Mann und jede Frau liebt den Sex, wenn er ohne Angst und Erniedrigung genossen werden kann. Darüber braucht man nicht zu diskutieren. Die Diskussionen folgen im Grund dem Prinzip der alten Verdrängung und der alten Dogmatisierung. Die einen machen ihr Dogma aus der Ehe und Monogamie, die anderen aus der freien Liebe, die dritten aus der Askese, die vierten aus dem Kopforgasmus des Tantra-Yoga etc. Alle solche Ideologien und Dogmen, seien sie chauvinistischer, feministischer oder religiöser Art, sind ein sinnloser Kampf gegen die Wahrheit. Solange man darüber streitet, ob die Zweierliebe oder die freie Liebe »das Richtige« sei, solange würde ich mich für Abstinenz entscheiden. Es gibt ja in Wirklichkeit gar keinen Gegensatz zwischen Zweierliebe und freier Liebe. Das eine entwickelt sich aus dem anderen. Die Frage ist nur, wie weit unser Mut und unsere Lust reichen, um den Erfahrungen wahrheitsgemäß zu folgen. Hier liegt tatsächlich eine Entscheidung, die jeder selbst finden muß. Es ist gut, wenn er dafür gute Freunde hat. (Wenn ich »er« sage, meine ich immer beide Geschlechter; es würde sonst sprachlich zu kompliziert.)

Sex ist das Thema Nummer Eins. Heute, nach der mißlungenen sexuellen Revolution vielleicht mehr denn je. Aber jede Zeit hat ihre Art, sich gegen das Thema zu wehren. Kaum sind die anfänglichen Klänge der sexuellen Befreiung verklungen, kaum ist diese Morgendämmerung der Studentenbewegung vorüber, da rufen sie schon aus allen Medien, die sexuelle Revolution sei »out«. Aber hinter den Moden und Masken der modernen Emanzipation steckt oft das heulende Elend. Der sexuelle Notstand grassiert wie eh und je. Gelungen ist da noch keine Revolution und schon gar keine sexuelle, gelungen ist lediglich eine neue Form der Anpassung. Die sexuelle Befreiung des Menschen ist keine Frage von wenigen Jahren, sondern eine Frage der Geschichte. Was da vor 25 Jahren in der Studentenrevolte so wirr begonnen hatte, war ein erstes Wetterleuchten, aber noch nicht der Vorgang selbst. Der Vorgang selbst, die beginnende sexuelle Befreiung und Transformation des Menschen, steht außerhalb aller Erscheinungen von Mode und jeweiligem kulturellen Jahrmarkt. Sexuelle Befreiung hat nichts mit Geschmack und »progressivem« Zeitgeist zu tun, denn sie steht wie jeder innere Entwicklungsschritt des Menschen außerhalb solcher Firlefanzen.

Das sexuelle Thema ist nicht in und nicht out, es ist. Es ist das intimste Zentralthema unserer Zeit, jedenfalls in denjenigen Kulturen und Gesellschaften, die nicht unmittelbar von materieller Not oder Krieg betroffen sind. Die Versuche der sexuellen Befreiung seit Emma Goldmann (Anfang unseres Jahrhunderts) sind der Beginn einer geschichtlichen Bewegung, hinter die es kein Zurück mehr gibt.

Eros und Apokalypse

Das Wort »Apokalypse« bedeutet Weltkatastrophe <u>und</u> geistige Offenbarung, beides gleichzeitig. Wir leben in einer realen vorapokalyptischen Situation. Die Menschheit steht durch ihre Gewalttaten, durch die ökologische Zerstörung der Erde und durch ihr militärisches Vernichtungspotential am Rande einer globalen Katastrophe.

Der zweite Golfkrieg ist vorbei, der vordere Orient liegt unter den schwarzen Rußwolken des verbrennenden Öls. Es wird noch etwa drei Jahre lang brennen und zur allgemeinen Vergiftung unseres Planeten beitragen. Nehmen wir an, eine globale Verbindung von Luftverschmutzung, giftigen Gasen, Klimaveränderung usw. hätte zu einer allgemeinen Störung der menschlichen Atmungsvorgänge geführt. Niemand wird bestreiten, daß ein solches Szenarium bei den gegenwärtigen Methoden der ökologischen und militärischen Vernichtung realistisch ist. Was hätten wir dann anderes zu tun, als mit allen Mitteln für die Wiedererlangung einer freien und gesunden Atmung zu sorgen? Wenn ein Grundvorgang des menschlichen Organismus bedroht ist, und dies nicht nur bei einem Einzelnen, sondern bei allen, dann ist dieser Grundvorgang bzw. seine Störung das selbstverständliche Thema Nummer Eins.

So ein Grundvorgang ist die Sexualität. Sie ist ebenso elementar wie das Atmen, und sie ist ebenso gestört wie die Atmungsvorgänge im obigen Beispiel. Wir brauchen gar nicht darüber zu diskutieren, ob die Sexualität »an sich« im Zentrum der Welt steht oder nicht. Unter den bisherigen Lebensbedingungen des Menschen tat und tut sie es eben. Sie wird mindestens solange im Zentrum stehen, bis sie entdeckt, akzeptiert und erfüllt ist.

Der Golfkrieg gab – unter anderem durch die Computerszenarien über seine möglichen Folgen – einen Eindruck von dem, was noch kommen kann und was wahrscheinlich auch kommen wird, wenn wir uns in der Wahl zwischen Untergang und Offenbarung nicht für die Offenbarung entscheiden. Für welche Offenbarung? Nicht für die des Johannes im letzten Buch des Neuen Testaments. Wir brauchen keine okkulten Deutungen mehr, es genügt unser eigener Verstand, unser Rückblick auf 3000 Jahre Geschichte und unsere Wahrnehmung der inneren Zusammenhänge.

Es geht um den zentralen Zusammenhang zwischen der äußeren und der inneren Katastrophe, zwischen ökologischer Zerstörung außen und seelischer Zerstörung innen, zwischen Krieg im Äußeren und Krieg im Innern, zwischen den psychosomatischen Zersetzungsprozessen der Gattung Mensch und den globalen Zersetzungsprozessen der Biosphäre. Man sehe sich in den Metropolen der weißen Rasse die Leiber an und die Gesichter, man vergleiche sie, etwa in New York, mit denen der Farbigen, und man erkennt auf einen Blick, was mit psychosomatischen Zersetzungsvorgängen gemeint ist. Diese Spezies, die da am Sonntagmorgen durch die Straßen joggt, wird es nicht mehr lange machen. Sie haben zwar ungeheure Industrien errichtet und High-Tech-Systeme von erstaunlichster Art, sie haben Saturnraketen ins All geschossen und sich selbst lenkende Waffen gebaut, aber sie haben ganz offenbar keine Methode gefunden, um sich und ihre Rasse vor dem inneren Zerfall zu bewahren.

Ich habe vorhin einen Viehtransporter gesehen, wo die Rinder so roh zusammengebunden waren, daß die Stricke ihnen bei jedem Schlagloch der Straße das Fell aufrissen. Der Mensch wird so lange seine Umwelt massakrieren, Mitgeschöpfe vernichten, Tiere quälen, Kinder prügeln, Andersgläubige verbrennen und seinen Haß an der Natur austoben, solange er im Inneren keinen Frieden findet. Und er wird im Inneren keinen Frieden finden, solange er die Liebe vergewaltigt. Er vergewaltigt sie durch seine entsetzlich falsche Moral, durch seine Dauerlüge, durch die allgemeine Komplizenschaft der Verstellung, durch die Spaltung des Eros in Ehe und Bordell, durch ein antiquiertes Bild der Liebe, durch einen viel zu engen Begriff der Treue, und er vergewaltigt sie durch seine ganze gesellschaftliche Organisation, die nicht an der Liebe orientiert ist, sondern an Macht und Profit. Er vergewaltigt sie dann vollends, indem er sich beharrlich weigert, die Wahrheit dieser Dinge einzusehen und anzuerkennen.

In diesem ganzen weltweiten Prozeß der Zerstörung und Selbstzerstörung ist eine merkwürdige Komponente enthalten, die ich nie recht verstanden, aber immer wieder angetroffen habe: Der Einzelne will gar nicht heraus aus dem System, das ihn ruiniert. Trotz gelegentlicher Ahnungen über den ganzen Wahnsinn, an dem er da teilnimmt, hält er unbeirrbar an seiner Richtung fest. Ich habe lange schon gestaunt über diese Wesen, ich nenne sie die »Unerschütterlichen«. Diese Unerschütterlichen bilden – einfach durch ihre Masse – das Schwergewicht im weltweiten Kampf gegen die Liebe. Und die Opfer dieses Kampfes sind immer die Kinder.

Neben der Apokalypse im Großen, wo eine Welt zerbricht, gibt es auch die Apokalypse im Kleinen, wo dem Kind eine Welt zerbricht. Das Kind steht oft fassungslos vor dem Beziehungsclinch seiner Eltern. Es spürt zum ersten Mal die Gefahr des Verlassenwerdens. Seine Herzenswünsche werden von den belasteten Eltern nicht mehr wahrgenommen. Es wird mit Geschenken überhäuft und gleichzeitig abgestellt. Es merkt, daß die Eltern nicht die Wahrheit sagen. Es wehrt sich und schreit und will die Aufmerksamkeit der Eltern erzwingen, aber die haben kein Herz mehr frei. Schließlich erkennt es, daß es allein ist. Dies ist der stummste und der fassungsloseste aller Schmerzen. Der Schmerz kann so groß sein, daß keine Träne mehr kommt. Die Welt baut sich auf aus Millionen und Abermillionen solcher Einzelschicksale. Wir alle waren Kinder, die dies oder ähnliches erlebt haben. Für uns alle ist irgendwann eine Welt zusammengebrochen, sei es in der Kindheit oder später in der Pubertät oder danach. Immer hatte dieser Zusammenbruch etwas mit enttäuschter Liebe, mit Lüge und mit Verlassenheit zu tun. Wo die Eltern nicht in sinnlicher Liebe miteinander leben, weil sie selbst aus den liebesfeindlichen Strukturen kamen, da geben sie ihre Qual und ihre Ausweglosigkeit an die Kinder weiter. So wiederholen sich Generation für Generation dieselben Strukturen der inneren Verwüstung. Ich übertreibe nicht. Die Legionen von mißhandelten und verlassenen Kindern sind keine Übertreibung, sondern Realität.

Die Geistesgeschichte des Menschen gleicht bis heute einer gigantischen Bemühung, das Thema Eros zu umgehen, zu verharmlosen, zu verniedlichen oder zu verleugnen – und trotzdem leben zu können. Für keine Sache hat der Mensch mehr Kühnheit und Raffinesse, mehr Schläue und Bosheit, mehr falsche Moral und Lüge investiert als für die Verdrängung des Eros. Für keine hat er schönere Kathedralen gebaut, tiefere Philosophien entworfen und grausamere Gesetze erlassen. Keine Sünde hat er brutaler, sadistischer, geiler und ausführlicher bestraft als die »Sünden« des Fleisches. Durch diesen jahrtausendelangen Stempel von Bestrafung und Gewalt ist der Mensch im sexuellen Bereich mehr als ängstlich geworden. Er wagt es nicht mehr, sein Verlangen zu zeigen und sein Leben offen mit den sexuellen Wünschen zu verbinden. Er hat kapituliert, auch wenn er sich frei und souverän gebärdet. Durch alle Erlösungsbemühungen, mit denen sich der geschichtliche Mensch aus dem selbsterrichteten Jammertal befreien wollte, durch alle seine philosophischen oder religiösen oder politischen Systeme zieht sich als roter Faden dieses hervorstechende Merkmal des homo sapiens: seine Kapitulation vor dem Eros.

Betrachten wir die Programme und Lebenskonzepte, die heute von spirituellen, ökologischen oder therapeutischen Gruppen angeboten werden, so bestätigt sich dieser Eindruck auf neue Weise. Diese Programme dienen nicht der Lösung des Themas von Sexualität und Liebe, sie berühren nicht des Pudels Kern, sondern sie machen vorsichtig einen makrobiotischen Bogen darum herum. Auch hier heißt die Frage nicht: Wie überwinden wir den Krieg in der Liebe, wie beenden wir den allgemeinen sexuellen Notstand? Sondern: Wie machen wir unser Leben erträglich trotz des Krieges in der Liebe und trotz des allgemeinen sexuellen Notstands? Die Resignation in Bezug auf Liebe und Sexualität sitzt mittlerweile so tief, daß sie als solche manchmal gar nicht mehr bemerkt wird. Die Leute sind schockiert, wenn man es offen ausspricht. Und irgendwie mit Recht, solange sie keine andere Möglichkeit sehen. Je unmöglicher die sexuelle Erfüllung im Leben eines Menschen ist, je mehr er auf seine eigentlichen Träume der Liebe verzichten muß, um so mehr klammert er sich natürlicherweise an die Lebensgüter, die ihm erreichbar sind, also an Geld und Karriere oder an Sport und Abenteuer oder an geistige Güter wie Kunst, Philosophie und Religion. Ich spreche gewiß nicht als antireligiöser Mensch, ich verachte weder den Sport noch die geistigen Güter, aber solange sie nicht verbunden sind mit einer positiven Lösung der sexuellen Frage, sehe ich auch die relative Bedeutungslosigkeit aller dieser Dinge im Hinblick auf unsere eigentlichen Themen – und im Hinblick auf das Schicksal der Erde, die seit einiger Zeit bedenklich aus den Fugen gerät.

Es gibt einen tiefen Zusammenhang zwischen der inneren Bedeutung des Eros und der inneren Bedeutung der Apokalypse, oder mit anderen Worten: zwischen dem Ausmaß von Glück und Erfüllung, das mit dem Eros verbunden ist, und dem Ausmaß von allgemeiner Verzweiflung und Zerstörung, das mit dem unerlösten Eros verbunden ist.

In der Zeitung stand folgende Geschichte: Ein Mann trifft eine Frau in Düsseldorf. Sie verlieben sich. Aber der Mann ist verheiratet. Sie fahren im Frühjahr 1990 nach Südfrankreich. Dort steigen sie auf einen Felsen, binden sich die Handgelenke zusammen und springen hinunter. – Es war eine Hochzeitsreise in den absichtlichen Tod. Sie wollten für immer zusammen sein. Aber die gesellschaftlichen Verhältnisse ließen ihnen keine andere Wahl. Sie waren sicher nicht verrückt, sondern sie waren erfaßt worden von der Allmacht der Geschlechterliebe.

Die Suche der Geschlechter nacheinander ist der Hintergrund der menschlichen Geschichte bis heute, die eigentliche Passionsgeschichte des Menschen. Die Liebe war immer mit dem Tod verbunden, weil es im Leben noch keine Möglichkeit gab, sie dauerhaft zu verwirklichen. Aber was eigentlich ist es, was da so nach Verwirklichung drängt und doch ungelebt bleiben muß? Welches innere Bild der Liebe und Treue veranlaßt zwei Menschen, in den Tod zu gehen, um im Leben nicht zu scheitern? Und welche Entzweiung ist in unserer Welt passiert, daß hier die Liebe ist und dort das Leben und daß beide nicht zusammenkommen? Warum ist diese schönste Mitgift unseres Lebens zu einer Quelle ewigen Unglücks geworden statt zu einer Quelle ewigen Glücks?

Die Erfahrung der sinnlichen Liebe ist ein weckendes Schlüsselerlebnis für beide Geschlechter. Leib und Seele sind auf einmal erwacht, als hätten sie vorher in einer Art von Halbschlaf gelegen. Man fühlt sich »wie neugeboren«. Diese geile, heilsame, glückliche Energie wirkt im Zentrum unserer Zellen und Organe. Sex, sinnliche Liebe, Lust, Wollust ist ein umfassender organischer Vorgang, der weit über den Begriff einer physiologischen Triebbefriedigung hinausgeht. Man hat wunderbar gefickt, und man strahlt wie eine Pfingstrose, weil man gerade eine Welt im Arm hatte und an der Quelle war. In ähnlicher Weise ist auch die religiöse Erfahrung kein bloß spiritueller, sondern ebenfalls ein organischer Vorgang. Aus diesen beiden Grunderfahrungen, der erotischen und der religiösen, setzt sich der wirkliche Heilungsvorgang des Menschen zusammen. Für beide Vorgänge gilt dasselbe »Prinzip des Glücks«: Man ist angenommen, man ist angekommen! Es ist wie ein reales Adventserlebnis. So sieht der Kindertraum aus, wenn er wahr wird. Da ist nur noch überwältigende Freude und Dankbarkeit.

Die sexuelle Liebe der Geschlechter ist eine Urerfahrung des Glücks. Sie gehört zu den tiefsten Bildern unserer Sehnsucht. Sie regt sich schon unbewußt und noch traumhaft in den Märchen der Kindheit. Sie regt sich dann fiebernder und ahnungsvoller in der Seligkeit der ersten Liebe. Aus dem Traum und der Vorahnung dieses letzten Glücks entstand die Dichtung, der Mythos vom verborgenen Schatz, die blaue Blume der Romantik und Mignons fernes Sehnsuchtslied: »Kennst du das Land, wo die Zitronen blühn?« Nichts, nichts im Herzen der Menschen läßt sie von diesem Weg und diesem Ziel abbringen, solange es irgendwie erreichbar scheint. Menschen sind bereit, alle Bedenken und alle Grenzen über den Haufen zu rennen, wenn sie dieses Glück zum Greifen nahe vor sich sehen.

Hier verstehen wir einen inneren Zusammenhang von Eros und Apokalypse. So tief das Glück der Erfüllung ist, so tief ist entsprechend auch der Schmerz, wenn die Erfüllung ausbleibt. So tief wie die Sehnsucht in Mignons Lied, so tief ist die Verzweiflung, die Raserei, die Zerstörungswut betrogener Herzen. Die Apokalypse befindet sich lange schon in Vorbereitung, denn sie hat da begonnen, wo diese Verzweiflung und diese Zerstörungswut ein Stück der allgemeinmenschlichen Struktur geworden sind.

Die Liebe ist das Tiefste und Schönste auf dieser Welt, wo sie frei strömen kann. Sie ist aber auch das Tiefste und Schlimmste, wo sie blockiert und betrogen wird. Das Schicksal der Liebe steht im Zentrum jedes Einzellebens, und es steht im Zentrum der ganzen Menschheit. Das Drama der Liebe, das wir am eigenen Leib erleben, im Guten wie im Schlimmen, überträgt sich in vielmillionenfacher Vervielfältigung auf das Drama der ganzen Menschheit. Wenn wir in eine bessere Zukunft gehen wollen, dann brauchen wir ein neues Konzept für die Liebe. Ich hoffe, daß die Gedanken dieses Buches dazu beitragen können, es zu finden.

Ich möchte an dieser Stelle noch etwas Grundsätzliches sagen, was vielleicht dazu beiträgt, Mißverständnisse auszuräumen: Wenn in diesem Buch von einem neuen Konzept der Liebe die Rede ist, dann ist damit noch mehr gemeint als Sexualität. Die sexuelle Revolution, welche für den Aufbau einer humanen Welt unerläßlich ist, kann nur dann in dem gemeinten Sinn der Liebe geschehen, wenn sie verbunden ist mit einer ebenso unerläßlichen geistigen Revolution. Ein neues Konzept der Liebe enthält auch ein neues Konzept des Umgangs mit der Natur und allen ihren Wesen. Zur wirklichen Befreiung der Sexualität gehört ein geistiger Umraum, in welchem das Prinzip der Gewaltfreiheit gegenüber allen Lebewesen verstanden und geliebt wird. Die absolute Gleichberechtigung der Geschlechter, die Heiligung des Lebens und die Pflege für alle Kreatur gehören in diesen Daseinszusammenhang. Die Befreiung des Eros wird in dem Maße gelingen, wie wir bereit und imstande sind, diese geistigen Grundlagen einer gewaltfreien Gesamtkultur zu sehen und zu verwirklichen. Es gibt kulturelle Beispiele, die uns einiges zeigen können, auch wenn sie aus alter Zeit stammen und von uns nicht einfach übernommen werden können. Ich denke zum Beispiel an die Kultur der Hopi-Indianer oder noch deutlicher an das Volk der Bishnoi in Indien. Hier sind Grundregeln des Lebens entwickelt worden, die immer gelten, wenn es um die Frage der inneren menschlichen Heilung geht, denn diese Heilung steht immer auch in Verbindung mit einer gewaltfreien und deshalb angstfreien Einordnung des Menschen in die Schöpfung. Zu dieser Einordnung gehört eben auch die vollkommene Befreiung der Sexualität. Solange hier unterdrückt und gelogen wird, ist auch Krieg in der Liebe, und solange Krieg in der Liebe ist, kann es keinen Frieden geben auf der Erde.

Es kann in der Welt keinen Frieden geben, solange in der Liebe Krieg ist

Es war ein Glück, daß beim Golfkrieg Hunderttausende auf die Straßen gingen, um grundsätzlich gegen den Krieg zu demonstrieren. Aber ich fürchte, solche Demonstrationen bleiben ohnmächtig, solange wir keine konkrete Vision und Überzeugung für den Frieden haben. Und wir werden so lange keine wirkliche Friedenshoffnung haben, wie in uns und unter uns selbst der Friede fehlt.

Schon die berühmten Tragödien des antiken Griechenlands lebten vom Kampf der Geschlechter. Liz Taylor und Richard Burton spielten wie alle leidenschaftlichen Paare dieser entgleisten Welt unentwegt die alten Tragödien weiter. Wenn danach die Leidenschaft erloschen ist, schlägt man sich auch nicht mehr die Köpfe ein. Man macht dann eine Urlaubsreise nach Rhodos und streitet über die Auswahl der Fotomotive. So oder so, der Krieg der Geschlechter wurzelt – offen oder heimlich – in unverstandener, unerfüllter Sexualität bzw. in ihrem Nichtvorhandensein. Das Problem zieht sich quer durch alle Bevölkerungsschichten, Religionszugehörigkeiten oder sonstigen Bekenntnisse. Die Struktur der Geschlechterbeziehungen, in denen die heutigen Menschen fast überall leben, enthält in sich immer einen Bodensatz von sexueller Enttäuschung und Verbitterung, von geprellter Liebe und latenter Rache. Solange diese Struktur bestehen bleibt, kann es keinen Frieden geben zwischen den Menschen, allenfalls höfliche Absprachen und labile Kompromisse. Die Kämpfer für den Frieden können an sich selbst nicht mehr so richtig glauben, solange zuhause der alltägliche Kleinkrieg weitergeht. Ich möchte niemandem zu nahe treten, aber ist nicht fast jede Ehe und fast jede Zweierbeziehung ein labiler Kompromiß, wenn der erste Wonnerausch verflogen ist? Sagt nicht die Statistik der Ehescheidungen schon genug über die Notwendigkeit einer Basiskorrektur? Müssen wirklich noch weitere

Massen von Kindern zu psychischen Krüppeln, Verbrechern oder Säufern werden, bevor wir die Weiche anders stellen? Können Kinder je einen positiven Sinn für das Wort Frieden entwickeln, wenn sie schon in den ersten Lebensjahren um das erforderliche Grundvertrauen geprellt werden?

Es gibt gewiß noch kein fertiges Friedenskonzept für diese blutige Erde, und es gibt gewiß auch noch kein fertiges Konzept für die Liebe. Aber es gibt einige Punkte in der Beziehung der Geschlechter, an denen sich mit Sicherheit <u>auch</u> entscheiden wird, ob auf der Erde Krieg oder Frieden sein wird. Zwei solche Punkte seien kurz genannt.

Erstens: Wird es gelingen, ein menschliches Zusammenleben aufzubauen, wo die sexuelle Zuwendung eines Menschen zu einem anderen in einem Dritten nicht mehr Angst, Eifersucht und Haß hervorruft?

Zweitens: Wird es gelingen, unter den Geschlechtern eine sexuelle Beziehung aufzubauen, wo die Frau ihrem Verlangen nach sexueller Hingabe ganz folgen kann – ohne Angst vor Verachtung und Erniedrigung von Seiten des Mannes?

Wir können, wenn wir heute von Friedenspolitik und gewaltfreier Erde sprechen, diese beiden Punkte nicht mehr ausklammern, sie gehören zu sehr ins Mark einer humanen Welt. Wären sie in vollem Ausmaß erfüllt, so wäre der Geschlechterkrieg beendet. Wir könnten dann im Sinne einer realistischen Vision anfangen mit der konkreten Arbeit für die Erde. Es bedarf dazu einer menschheitlichen Umentscheidung, die vielleicht die tiefste ist, seitdem man von den Bäumen heruntergestiegen ist: Unsere Intelligenz müßte ein für allemal nicht mehr in den Dienst des Krieges, sondern in den Dienst der Liebe gestellt werden.

High-Tech im Krieg, Neandertal in der Liebe

Homo sapiens hat seine Intelligenz bisher in den Krieg investiert, nicht in die Liebe. Evolutionsforscher und Gehirnphysiologen haben sich ernsthaft Sorgen gemacht, ob ein Gehirnfehler vorliegen könnte. Der Mensch, vor allem der männliche, hat seine Libido so sehr in Waffen, Panzer, Schlachtschiffe und Raketen gesteckt, daß er den Krieg einfach geiler findet als den Frieden. Krieg ist sexy. Alle Abrüstungsverhandlungen scheitern bis heute an dieser unausrottbaren Tatsache der männlichen Seele. Die Inbrunst, mit der ordenbeschnallte Männer gemeinsam ihre militärischen Strategiespiele betreiben, übertrifft um Größenordnungen die Brunst, mit der sie ihre Frauen begatten. Der Mann, das steckengebliebene Kind, findet hier seinen Einsatz, seine Bedeutung und seinen heiligen Ernst. Er, der die Frau noch nicht kennt, weil sie sich ihm schon als Mutter entzogen hat, er kennt um so mehr das Sakrament des Krieges.

Das Kriegsspiel ist vielleicht so alt wie der Mensch, es entstammt einem archaischen Impuls des Paläolithikums. Als der Cromagnon-Mensch den Neandertaler überfiel und ausrottete, mag er etwas Ähnliches empfunden haben wie die Soldaten Alexanders in Tyros oder wie die amerikanischen Soldaten in My Lai (Vietnam). Der Mensch wird ergriffen von einer Vernichtungslust, die gelegentlich alle anderen Lüste übersteigt. Und als die Kommunisten ihre Brüder zur Sonne und Freiheit führen wollten, da endete auch für sie, die sonst an wenig Heiliges glaubten, ihr Kampflied mit dem Ausruf: »Heilig die allerletzte Schlacht!« Die Liebe war dem Manne unerreichbar wie ferne Poesie, der Krieg aber war sein Schwur und sein Gebet. Der Sex war Notdurft, die Kanone ein Sakrament. Wenn der Mann in der Geschichte seine Frauen und Kinder so gepflegt hätte wie sein Schwert und seine Kanonen, dann hätten wir längst den Garten Eden auf Erden.

Der Mensch hat fernlenkbare Geschosse, elektronische

Abwehrraketen und sich selbst lenkende Lufttorpedos entwickelt, nichts schien ihm hier unmöglich. Derselbe Mensch schnaubt vor Eifersucht, wird rot wie ein Pavian oder blaß wie Schafskäse, wenn es um Liebe geht. Sie planen gemeinsam den interstellaren Krieg, aber greifen zum Faustkeil, wenn es um Frauen geht. Während in der Technologie des Krieges das Vorderhirn zum Einsatz kommt, lebt und denkt der Mensch in der Liebe aus dem Rückenmark. Während Disziplin und Weitblick das militärische Spiel bestimmen, ist in der Liebe noch immer jede Emotion erlaubt. Wir messen hier, ohne weiter darüber nachzudenken, in allergrößter Selbstverständlichkeit mit zweierlei Maß, einem sehr hohen für den Krieg und einem sehr niedrigen für die Liebe. In der Rüstung liegt die Latte inzwischen auf 2,50 m; in der Liebe scheitern die meisten immer noch bei dem Versuch, über 50 cm zu hüpfen. Sie wollen auch gar nicht hüpfen, weil sie doch gelernt haben, daß die Liebe etwas fürs Herz sei und nicht Gegenstand einer geistigen Bemühung. Daß Waffentechnik und Kriegserfolg mit Forschung zusammenhängen, ist jedermann klar. Daß Liebe ebenfalls mit Forschung und Erkenntnis zu tun haben könnte, liegt außerhalb des steinzeitlichen Bewußtseins. Während sie im Krieg zu den härtesten Durchhalteproben bereit sind, suchen sie in der Liebe das grüne Weideglück der Kühe, und während in den Laboratorien des Krieges Systemzusammenhänge und Fakten studiert werden, hält man sich in der Liebe immer noch an die alten Märchenbücher. Man soll sich hier bloß nichts vormachen. Die progressiv-dynamische Turnschuhgeneration unserer Zeit schmückt sich mit Superelektronik und galaktischen Frisuren, im Herzen aber träumen sie dieselben Märchenträume wie unsere Omas. Schneller sind die Autos geworden und die Wandlungen der Mode, aber nicht das wirkliche Nachdenken über die Fragen der Liebe.

Wenn es heute einen Übergang gibt von der alten Zeit der Gewalt zu einer neuen Epoche struktureller Gewaltlosigkeit, dann liegt er in einem fundamentalen Wechsel unserer Prioritäten. Dieselbe Liebe und Aufmerksamkeit, dieselbe Gewissenhaftigkeit und Zuverlässigkeit, dieselbe Herzenskraft und Intelligenz, welche der Mensch bisher entwickelt hat, um sich gegenseitig zu vernichten, muß er jetzt entwickeln für die Fragen der sexuellen Liebe. Wir können heute nicht mehr mit Friedenstauben und frommen Liedern gegen die Allmacht des Krieges vorgehen; zu groß, zu ehrlich und zu tief ist heute die latente Faszination an Krieg und Untergang, und viel zu schwach, zu unentwickelt und zu halbherzig sind die bislang entwickelten Vorstellungen vom Frieden. Wir werden erst dann an eine globale Überwindung des Krieges glauben können, wenn wir eine Sache gefunden haben, die noch größer und noch faszinierender ist als Krieg und Kräftemessen – und dies könnte tatsächlich die Sache der sinnlichen Liebe sein im Sinne einer ehrlichen, freundschaftlichen, kraftvollen, geilen und solidarischen Verständigung der Geschlechter, die wirkliche Wiedervereinigung von Mann und Frau. Nur ein Wille und eine Intelligenz, die in der Lage sind, die Grundstrukturen zu schaffen für ein Liebesleben ohne Angst und ohne Gewalt, werden auch in der Lage sein, die alten martialischen Seelennester gründlich und für immer auszuheben. Der Mensch, der Raumfähren ins All geschickt hat, wird auch in der Lage sein, das Thema des unerlösten Eros zu lösen, wenn er die vollen Kräfte seines Willens und seiner Intelligenz auf diese Aufgabe richtet. Er muß wissen, daß die Quellen, die Energien und Wachstumsvorgänge der Schöpfung auf eine reale Liebesmöglichkeit gerichtet sind, die wir verwirklichen können, wenn wir sie wahrnehmen. Keimungsvorgänge von Pflanzen, Strömungsvorgänge im Wasser, Lernvorgänge in Kindern zeigen uns etwas vom Wesen des Lebens und der Liebe, das wir nicht mehr ignorieren können. Das Leben ist leicht und groß und nicht linear, es läßt sich in keine Programme pressen.

Wir haben mit dem Eros dasselbe gemacht wie mit den Flüssen

Was haben wir mit den Flüssen gemacht? Wir haben zweierlei Dinge mit ihnen gemacht: Wir haben unsere Abwässer in sie hineingeleitet, und wir haben sie begradigt. Beides haben wir auch mit dem Eros gemacht, und in beiden Fällen haben wir dasselbe Ergebnis erreicht: Wir haben der Sache ihre natürliche Schönheit und Heilkraft genommen.

Wir haben unsere Abwässer in die Flüsse geleitet, und wir haben unsere schlechten Gedanken in die sinnliche Liebe geleitet. Unsere Eltern waren empört über sexuelle Dinge, bis ich herausfand, warum: Sie haben selbst schlecht gedacht über den Sex, haben ihn selbst mit ihren falschen Gedanken beschmutzt und erniedrigt, und dann haben sie gesagt, es sei der Sex, der schmutzig ist, nicht ihre Gedanken. Sie haben einfach ihre eigenen Abwässer, die sie in Form schlechter Gedanken in die Sexualität hineingeleitet haben, verwechselt mit der Sexualität selbst. Sie haben – um im Bild zu bleiben – gesagt: Der Fluß ist schmutzig, und haben sich über den Fluß empört, statt zu sehen, daß sie selbst es sind, die ihn schmutzig gemacht haben. Nach diesem Prinzip arbeitete die Sexualmoral der »Anständigen« zu allen Zeiten, und da diese Millionen von Eltern, Pfarrern, Lehrern usw. nicht in der Lage waren, sich selbst auf die Schliche zu kommen, geht diese geistige Falschmünzerei bis heute weiter. Man sagt: »Das ist eine Schweinerei«, und merkt nicht, daß die Schweinerei einzig und allein in den eigenen Gedanken steckt. Es ist, als hätte man Schwefelwasserstoff in den Kaffee getan und würde sich hinterher empören über Kaffee überhaupt, weil er nach Furz rieche. Es ist klar, daß es bei so beharrlicher Verdrehung der Tatsachen schließlich zu dem Phänomen kommt, das man als »self fulfilling prophecy« bezeichnet: Weil man behauptet, Sex, zum Beispiel Sex ohne Seele, Sex ohne Liebe, Sex nur der Begierde wegen, Sex als bloße Triebhandlung usw., sei gemein und niedrig, erreicht man schließlich, daß er es auch wird. Denn kein Mensch und keine noch so schöne Regung des Lebens, keine Liebe und kein natürliches Verlangen können ihre natürliche Schönheit bewahren, wenn sie sich immer nur vor anderen verstecken müssen.

Jede Energie hat ihren natürlichen Strom, ihre natürliche Fließrichtung und ihren natürlichen Rhythmus. Das gilt auch für die Energie des Wassers und für die Energie der sexuellen Liebe. Wenn man die natürliche Strömungsweise stört, kommt es zu Störungen im betreffenden Gesamtorganismus. Wenn man die natürliche Strömungsweise eines Flusses stört, kommt es zu Störungen seines Biotopes. Flüsse folgen der Energie des Wassers durch ihre natürlichen, schwingenden Bewegungen, mit denen sie sich durch die Landschaft ziehen. Diese schwingende und mäandrierende Natur des Wassers gehört zur Eigendynamik des Flusses. Sie gibt ihm seine Selbstreinigungskraft und seinem Wasser die Heilkraft. Der Mensch, vor allem der männliche, der sich tapfer und senkrecht an den linearen Dingen des Lebens orientiert und alles Schwingende eher als Störung und Widerstand empfindet, hat die Flüsse begradigt und sie in schöne Betonbecken gelegt. Mit diesem Geschenk hat er sie zerstört, verschmutzt und um ihre Selbstreinigungskraft gebracht, hat ihre Biotope vernichtet und das natürliche Aderwerk der Erde vergiftet.

Das Betonbett ist für den Fluß das, was für den Eros die Ehe ist. Auch hier hat der Mensch in genau derselben Weise in die organischen Vorgänge der Natur eingegriffen und die Sache »begradigt«, d.h. von allen Schwingungen, allen Seitentänzen, allen Freudewellen befreit. Der Eros ist schwingend und tanzend wie das Wasser im Fluß; es fließt nach rechts und fließt nach links, und jetzt fließt es sogar rückwärts, dann wirbelt es um sich herum und beginnt mit einer neuen Richtung, aber es ist doch immer das Wasser desselben Flusses. Man kann sich ganz auf dieses Wasser, auf seine Heilkraft, seine Trinkbarkeit, seine Durchsichtigkeit verlassen, wenn man es nicht stört. Man kann sich auch ganz auf die Wirksamkeit der Liebe, auf ihre Wärme, ihren Charme, ihre Schönheit und ihre Heilkraft verlassen, wenn man sie ebenfalls nicht stört. Man darf sie aber nicht festbinden wollen an einen einzigen Menschen. Man darf ihr nicht vorschreiben, was sie tun darf und was nicht, man darf sie nicht in die Bahnen der eigenen egoistischen Wünsche zwängen wollen, und man darf sie vor allem nicht so sehr verkleinern wollen, daß sie in die eigene kleine Vorstellung paßt. Wenn man ihr das Bett zu eng macht wie beim Fluß, dann reißt sie irgendwann gewaltsam die Dämme ein. Es kommt dann »bei biederen Familienvätern und angesehenen Kollegen«, wie es immer in der Zeitung steht, plötzlich zu »unerklärlichen« Eruptionen, Haßausbrüchen, Amokläufen, Gewalttaten.

Was ist gewalttätiger: der Strom, der durch die Dämme bricht, oder die Dämme, die ihn einengen? hat Bert Brecht gefragt. Was ist grausamer: die Gewalttat eines durchgedrehten Amokläufers oder das moralische Gesetz, welches ihn dazu veranlaßt hat?

Eine gewaltfreie, ökologische Kultur wird der Natur ihre eigenen Bewegungsformen zurückgeben, dem Fluß die Mäander, den Wesen ihre Schwingung und der Liebe ihren Tanz. Es wird eine große Entdeckungsreise sein, denn alles, auch die sogenannte tote Materie, steckt voller Bewegungsdrang. Man nehme nur ein dünnes Stück Blech und schneide es auf, es macht sofort eine sich aufrollende Bewegung. Die Welt steckt voller Bewegung. Hans Jenny hat darüber ein sehr aufschlußreiches und mit guten Fotos versehenes Buch geschrieben mit dem Titel: »Das sensible Chaos«. Wollen wir fortfahren, aus dem universellen Tanz der Energien die Energie der sinnlichen Liebe auszuklammern? Wollen wir fortfahren, sie in engen Ehekäfigen einzubetonieren und in ihrem sterilen Flußbett Toter Mann zu spielen?

32

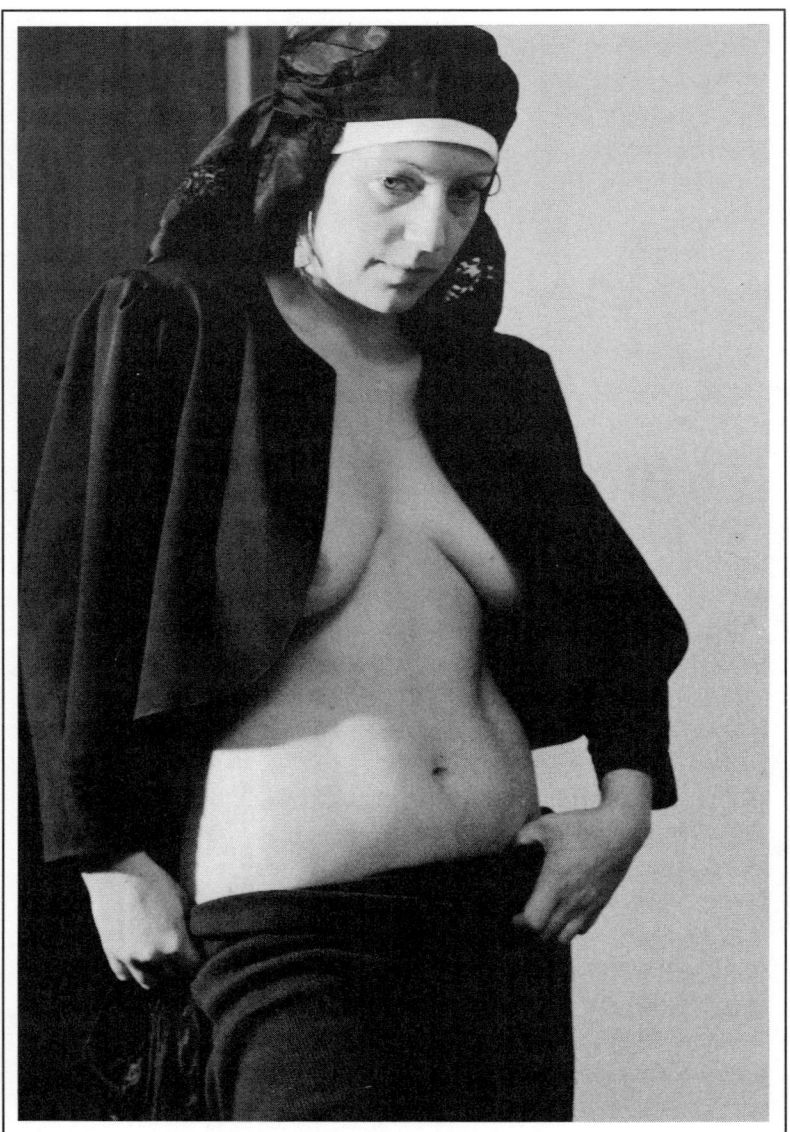

Sie haben das Heilige vom Erotischen getrennt,
das war ihr Dauerschmerz.

Aus: »Die Heilige und die Hure«, Foto: Achim Ecker

Eros und Religion – Die Heiligung der Ursprünge

Ich will mich auf keine spitzfindigen Begriffsunterscheidungen festlegen. Aber vielleicht ist es gut, den Gesamtbereich des Themas Eros über den engeren Begriff der Sexualität hinauszuführen, um das Gesamtthema des Menschen unserer Zeit zu sehen und uns nicht ewig auf Beziehungsfragen und sexuelle Mangelzustände reduzieren zu müssen. Was immer uns im Liebesbereich innerlich bewegt und trifft, hat zu tun mit unserer ganzen Existenz. Diesen Gesamtraum unseres Lebens versuche ich zu umreißen mit dem Begriffspaar von Eros und Religion, denn hier liegen die Quellen unseres Seins.

Eros ist der verhüllte, unentblößte Sexus. Das Wesen des Eros ist Verhüllung und Enthüllung. Verhüllung und Enthüllung sind ihrem Wesen nach erotische Grundvorgänge, welche ein Geheimnis gleichzeitig bedecken und offenbaren. Die Verhüllung des Eros ist ursprünglich nicht ein Verdrängen oder ein Verstecken, sondern sie ist auf Enthüllung und Offenbarung angelegt. Das sich verhüllende Weib »wartet« auf die Zeit ihrer Enthüllung. Sie legt die Hüllen erst dann ab, wenn die Zeit dafür gekommen ist. Die Verhüllung der orientalischen Frauen dient ursprünglich auch der Bewahrung eines erotischen Wissens, welches erst bei der Enthüllung preisgegeben werden soll. Die Frau »bewahrt sich« für die Begegnung mit dem Mann. Es handelt sich hier nicht nur um eine frauenfeindliche Mode, sondern auch um eine tiefe Wertschätzung des Eros und um eine reale Ahnung seiner eigentlichen Bedeutung. Es ist, als hätte man lange Zeit etwas sehr Wesentliches geträumt, das man nicht einfach preisgeben kann. Die Keuschheit, die sich in der Verhüllung äußert, ist also zunächst kein Zeichen von falscher Moral oder Verklemmung, sondern ein unmittelbarer seelischer Ausdruck für einen erotischen Vorgang, der sich im Werden befindet. Es ist wie eine unbewußte Erinnerung an ein Paradies, dem man verhüllt entgegengeht, bis man es wiederfindet. Dies sind die tieferen Hintergründe einer entstehenden Sexualmoral, die dann ihren Hintergrund verliert und sich gegen die Erfüllung stellt, die sie eigentlich vorbereiten und beschützen sollte. Die wissende Verhüllung verwandelt sich in das moralische Nein, die ersehnte Enthüllung verwandelt sich in »Sünde«. So verliert der Vorgang seine Verbindung mit dem erotischen Grund. Es entsteht Sexualität ohne Eros, Vernacktung ohne Verhüllung, Entblößung ohne wiedergefundenes Paradies. Der Sex, ursprünglich aus der Enthüllung und Offenbarung des Eros kommend, wird reduziert auf eine körperliche Triebbefriedigung. Der Mensch schämt sich dabei, auch wenn er es routinemäßig nicht mehr merkt, weil er instinktiv spürt, daß er hier etwas tut, was dem erotischen und seelischen Wesen des Sexus eigentlich nicht entspricht. Sexualität ist nicht so selbstverständlich und alltäglich wie das Zähneputzen. Dieses Wissen in ganzer Tiefe wiederzufinden, ohne falsche Mystifizierung, ist die Forderung, die uns heute vom Leben und von der sinnlichen Liebe gestellt wird.

Es gibt hier eine babylonische Sprach- und Denkverwirrung, die sich im Zeichen der sogenannten sexuellen Befreiung zunächst einmal nicht verringert, sondern noch erheblich gesteigert hat. Freie Sexualität, wie sie in diesem Buch gefordert wird, hat nichts zu tun mit mechanischer Enthüllung, nichts mit gewaltsamer Überspringung der Scham und nichts mit einem Veto gegen authentische Keuschheit. Es gibt starke, authentische, fast notwendige Gründe für gelegentliche Schüchternheit und Keuschheit. Freie Sexualität ist die Wiederverbindung von Sex und Eros auf einer neuen Ebene, welche uns real aus der sinnlichen Verbannung befreit. In der Wiederverbindung von Sexus und Eros durch bewußte Lebenspraxis liegt die Reise zu unserem Ziel und unserem Ursprung.

Wirklicher Eros ist wie wirkliche Religion verbunden mit dem Ursprung aller Dinge. Wo Menschen diesen Ursprung erfahren haben, da entwickeln sie ein im ursprünglichen Sinne kultisches Ritual, um ihn zu pflegen und zu schützen. Aus diesem Instinkt stammt der organische Ernst einer Lebensethik, die sich später in die äußere Moral verwandelt. Aber diese Moral, die ich in den folgenden Kapiteln so vehement entlarven muß, weil sie zur Lüge geworden ist, entstammte nicht einfach einer menschlichen Willkür oder Bosheit, auch nicht der machtlüsternen Priestermentalität in Nietzsches »Genealogie der Moral«, sondern einer ursprünglichen Konzentration des Menschen auf die heiligen Punkte seiner Existenz. Die Heilighaltung des Ursprungs ist das eigentliche Motiv aller erotischen und religiösen Kulte. Wenn wir heute bewußt die alten Moralvorstellungen über Bord werfen, dann tun wir dies nicht mehr im Sinne einer anarchistischen Rebellion gegen tradierte Kulturwerte, sondern im Dienste einer Wiederentdeckung und einer Geburtshilfe für die Zeugungskräfte unseres Lebens.

Wir brauchen dazu nicht mehr verhüllt herumzulaufen, wir brauchen uns aber auch unserer »Schüchternheit« nicht mehr zu schämen, denn die inneren Entwicklungsstufen der sinnlichen Liebe können nicht mit Gewalt übersprungen werden. In diesem Sinne sind die folgenden Ausführungen kein Aufruf zu demonstrierter Emanzipation, sondern zum Verstehen unserer sexuellen Sehnsucht.

Zum Thema Religion mögen einige einfache Sätze genügen. Der Leser wird gemerkt haben, daß die Gedanken dieses Buches über eine bloße Psychologie der sinnlichen Liebe weit hinausgehen. Es geht, wenn wir heute wieder mit uns ins Reine kommen wollen, nicht nur um eine Reparatur mißglückter Liebesbeziehungen, sondern es geht um eine neue Einordnung des erotischen Themas in unser ganzes Dasein. Wir berühren damit unwillkürlich den metapsychologischen oder religiösen Kern unserer Existenz. Der geistige Anker- und Montagepunkt wirklicher Liebesbeziehungen liegt nicht nur in der Beziehung selbst, sondern in einem bestimmten übergreifenden Verhältnis zur Welt. Sobald in diesem Verhältnis eine innere Verbindung mit der Schöpfung gefühlt oder bewußt wird, spreche ich von Religion. Sie steht außerhalb aller Konfessionen und hat nichts mit Kirche zu tun. Die Kirche als Institution ist für die wirkliche Religion das, was die Ehe als Institution für den Eros ist: eine gesellschaftliche Einrichtung zur Bannung und Reglementierung der sinnlichen und geistigen Urkräfte unseres Lebens. Wir leben heute in einer Zeit, wo diese geschichtlichen Korsetts unseres Leibes und unseres Geistes brüchig geworden sind und die eigentlichen Kraftquellen wieder durchsickern lassen. Trotz aller Verwicklungen und Zerstörungen nähern wir uns der Quelle. Es verwirklicht sich der geschichtliche Doppelsinn der Apokalypse, Schritt für Schritt wendet sie sich für uns in bewußt gemachter Erfahrung zur Offenbarung. Das »Reich Gottes auf Erden«, d.h. die sexuelle und die geistige Kraft der Liebe, kann nicht mehr hinter gesellschaftlichen Masken, Dogmen und Institutionen verschlossen werden.

Sexuelle und religiöse Liebe sind die Quellen unseres Daseins. Wir nähern uns ihnen behutsam, bis sie in ihrem eigentlichen Urgrund zusammenfallen. Der werdende Mensch der Geschichte hat die beiden Dinge voneinander getrennt, das war der Grund seines Dauerschmerzes. Jetzt, mit der Befreiung der sinnlichen Liebe, kann er sie wieder vereinigen und in dieser Vereinigung dasjenige Glück erkennen, das er so lange unbewußt gesucht hat: das Glück des Angekommenseins. Das ist der innere Erkenntnisvorgang unserer Zeit, der Vorgang einer sich anbahnenden Transformation des menschheitlichen Lebens.

Die patriarchale Kulturepoche hat den Eros bekämpft, indem sie das Weib bekämpfte. Wo aber die Entzückungsmacht des Weibes brachliegt, da verödet auch der Mann, auch in religiösen Dingen. Er hat sich seiner eigenen Quelle beraubt, indem er sie domestizierte und unter das Regelsystem seiner sexualfeindlichen Konstruktionen zwang. Dadurch aber verfiel er selbst in ein Leiden, das er mit seinen Konstruktionen nicht mehr überwinden konnte, denn aller seelischer

Schmerz ist im Tiefsten verbunden mit Trennungsschmerz. Der Mann lebte in einer getrennten Welt, getrennt vom Weib und getrennt von der Schöpfung. Das Heilige aber, nach dem sich alle Sinne strecken, ist das Heile und Ungeteilte. Die sinnliche Liebe ist wie die religiöse eine Urerfahrung der Wiedervereinigung und der wirklichen Erlösung, welche in der Überwindung der Trennung liegt.

Walter Schubart hat in seinem gedankenreichen Buch »Religion und Eros« vom »Gnadenstand der Liebe« gesprochen, der sich einstellt in der Erfahrung erfüllter sinnlicher Liebe. Es ist der authentische Zustand, wo sinnliche Liebe, Nächstenliebe und religiöse Liebe zusammenkommen. In diesem Zustand zergeht der Ingrimm jeglichen Hasses. Es ist wie eine reale Energieumwandlung im Kern unseres Organismus. Es ist ein Jubel der Zellen, die ihre Mitte und ihre Quelle gefunden haben.

Goethes Tasso preist die befreiende Macht der Geliebten:
»Ich fühle mich im Innersten verändert.
Ich fühle mich von aller Not entladen,
frei wie ein Gott, und alles dank ich Dir.«
Wenn der so Liebende jetzt nicht den Fehler der Umklammerung begeht, wenn er die Geliebte nicht heftiger umklammert, als er Gott umklammern würde, wenn er weiß, daß hier freiere Gesetze gelten und ihnen folgt, dann befindet er sich auf seinem dauerhaften Weg zur Quelle. Die erotische Erfahrung ist dann nicht mehr ein Sakrament, das er verschließt, sondern ein Sakrament der allertiefsten Öffnung.

Jeder Liebesakt, der in diesem Sinne vollzogen wird, ist ein Dienst an der Welt, wir brauchen dafür keine Eheringe. Gott ist keine fremde Macht mehr über uns und außerhalb von uns; wir erzeugen ihn durch unser Tun in der Liebe. Der Eros ist der Anfang aller Dinge, ihr Ursprung und ihr Zeugungsort. In der erotischen Erfahrung vereinigen sich die Welt von Mann und Frau in ihrem Ursprung. Diesen Ursprung haben die Religionen der Geschichte bisher zu verhindern versucht. Alle wirkliche Religion aber ist die Entdeckung und die Heiligung der Ursprünge.

Die reifste Erkenntnis, zu der die Betrachtung über Religion und Eros aufsteigen kann, liegt in der Befreiung der sinnlichen Liebe.

Die freie Liebe ist keine Erfindung des Menschen, sondern eine Gegebenheit der Schöpfung. In dem Maße, wie der Mensch sich dieser Tatsachen auf neuer Stufe bewußt wird, verwandelt sich das Sakrament der Ehe in das Sakrament der freien Liebe. Das Sakrament der Ehe war die erste Stufe einer Erfahrungsrichtung, welche den religiösen Tiefgang der sinnlichen Liebe aufspürt und befolgt. Insofern war sie weit mehr als nur eine ängstliche Ausklammerung Dritter. Sie wäre nicht zu einem Sakrament geworden, wenn sie nicht so nahe bei der erotischen Urerfahrung gewesen wäre, wo sinnliche Liebe sich erweitert zu Menschenliebe und Gottesliebe. Es kann deshalb für uns heute nicht nur darauf ankommen, das alte Sakrament zu zerstören, weil es zu eng und zu scheinheilig war. Es kommt vielmehr darauf an, das von ihm Gemeinte zu verstehen und auf einer neuen Stufe zu verwirklichen. Die Grundwerte von Liebe, Treue und Gemeinschaft, die mit der Ehe gefestigt werden sollten, müssen aufgehoben werden auf einer neuen Ebene der sinnlichen und geistigen Verwirklichung. Die freie Liebe ist deshalb nicht einfach die Zerstörung der Ehe, sondern sie greift deren eigentlichen Gedanken auf und hilft ihm unter durchdachteren Bedingungen zur Verwirklichung.

Die Einrichtung der Ehe ist wahrscheinlich in unserem abendländischen Kulturraum gegen Ende des zweiten vorchristlichen Jahrtausends durch den attischen König Kekrops (Griechenland) geschaffen worden. Sie diente der Einordnung des Geschlechterlebens in ein Staatssystem, das nicht an der Liebe orientiert war, denn es gab damals noch gar nicht unseren heutigen Begriff der Liebe. Die Entwicklung der freien Liebe dagegen dient nicht der Unterwerfung des Eros unter ein staatliches System, sondern seiner bewußten Wiedereinführung in die Freiheit der Schöpfung. Durch die Ein-

ehe wurde der Mensch ein Mitglied der Gesellschaft, er wurde
»gesellschaftsfähig«. Durch die freie Liebe wird der Mensch
ein Mitglied des Lebens und der Schöpfung, er wird »lebens-
fähig und schöpfungsfähig«. Hinter dem Orientierungswech-
sel zwischen Zweierliebe und freier Liebe liegt ein Orientie-
rungswechsel in der Ausrichtung auf das umfassendere
Ganze: Nicht mehr die Gesellschaft oder der Staat ist das
Orientierungsziel, sondern das Leben selbst. Hinter den Einrichtungen von Ehe und Kirche stehen Gesellschaftssysteme,
in die das Leben nicht mehr hineinpaßt. Nicht mehr hat sich
die sexuelle Liebe an diesen Gesellschaftssystemen zu orientieren, sondern die neu zu schaffenden Systeme haben sich an
der Liebe zu orientieren. Freie Liebe führt zu endloser Qual
in einer Gesellschaft, in die sie nicht hineinpaßt. Für eine neue
und gewaltfreie Gesellschaftsgestaltung wird sie dagegen zum
Ferment der gesamten menschlichen Kultur. Diese Revolution vollzieht sich nicht von außen und nicht mit Gewalt,
sondern von innen durch die Vertiefung und Neugestaltung
unserer realen Liebesbeziehungen.

Ich möchte zum Schluß noch auf ein merkwürdiges Phänomen zu sprechen kommen, das für alle, die den inneren Weg
der eigenen Erfahrung gehen, von größter Bedeutung sein
könnte: Jede echte religiöse Erfahrung, auch wenn sie uns
noch so neuartig trifft und beglückt, ist nicht einfach neu,
sondern sie ist im Inneren ein gewaltiges »Déjà Vu«. Das
heißt: man spürt mit größter Überraschung, daß man sie
eigentlich schon »kennt«. Das Erschütternde und gänzlich
Neue, das wir hier erleben, ist uns im Tiefsten vertraut. Fassungslos steht man vor dieser Empfindung. »Ach so ist das,
das gibt es also wirklich!« Wir sind am Ursprung angelangt,
und der ist ewig wie das Leben. Wir kennen ihn schon, denn
wir alle kommen aus ihm und haben ihn in den verschiedensten Inkarnationen oder Daseinsräumen immer wieder erlebt.
Wir haben jetzt, wo sich diese Urerfahrung des Lebens wieder
eingestellt hat, eigentlich nichts Außermenschliches erlebt,
wir haben lediglich die Bühne gewechselt. Wir sind erfüllt von

einer namenlosen Dankbarkeit und schauen mit Verwunderung auf jene Verkleinerung des Lebens, die wir als Normalität empfunden haben.

Genau dasselbe gilt für die Entdeckung der freien Liebe. Aufgewacht in einer neuen Daseinsmöglichkeit sehen wir Bilder und Gedanken, die uns so vertraut sind wie unser Eigenstes. Wir schauen hinein in die neuen Räume der sinnlichen Liebe und erkennen mit Erstaunen die Selbstverständlichkeit der Zusammenhänge, die wir dort erblicken. Liebende Menschen, welche die Angst überwunden haben, haben keine Zäune und keine Masken mehr! Die Welt, die befreit ist von Zäunen, ist eine Liebesaffäre. Es gibt wie in der religiösen Erfahrung nicht den geringsten Zweifel an der Realität dieses »Traums«. Es ist wie ein Erwachen aus einem äonenlangen Film. Und wieder staunen wir über jene Verkleinerung des Lebens, die wir in den alten Strukturen von Zweierliebe und Eifersucht als »Normalität« empfunden haben. Die erotische und die religiöse Offenbarung ist wie ein Wunder, und das unerwartete Geheimnis dieses Wunders liegt darin, daß wir es im Innersten schon kennen. Ernst Bloch sprach in seinem großen Werk über »das Prinzip Hoffnung« von dem »Nondum«, dem großen Uneingelösten der menschlichen Geschichte. In der erotischen oder religiösen Einlösung erfahren wir, daß es – latent und unerkannt – immer schon da war. Man braucht, um es ins reale Dasein zu rufen, keine Kraftakte des Geistes und keine Klimmzüge zur Erlösung, man braucht eigentlich nur – die Erfahrung der Liebe und die Wahrheit in der Liebe. Dann sind wir in der Lage zu verstehen, was uns allen gelegentlich in die Kindheit schien und was als verborgenes Ziel und Nondum vor uns liegt: HEIMAT.

TEIL II

DAS SEXUELLE THEMA

Wir wollen alle nur das Eine, aber was?

Was ist das Ziel des Lebens, wohin geht die Reise? Was ist der tiefere Sinn von all den Dingen, die wir tagtäglich tun? Worin liegt unsere »eigentliche« Erfüllung, falls es so etwas gibt? »Mein Ziel ist das Eingehen ins Nirwana«, würde der Edle aus dem Osten sagen. »Mein Ziel ist die Vereinigung mit Jesus«, hat Hildegard von Bingen gesagt. »Der Sinn des Lebens ist die Erkenntnis und die Übereinstimmung mit der prästabilisierten Harmonie«, hätte Leibniz gesagt. Und Sonneberg, der geniale Künstlerphilosoph in der psychiatrischen Anstalt, hat geschrieben: »Und ist er erstmal drin, hat das Leben seinen Sinn«, und er hat es genauso gemeint. Wie immer die wahren Antworten aussehen mögen, sie werden immer abhängen von dem Ort und von der Not bzw. der Notwendigkeit, an der sich der Fragende gerade befindet. Für einen Mann, der jahrelang impotent war, oder für eine Frau, die jahrelang ohne sexuellen Kontakt gelebt hat, ist der Satz von Sonneberg wahrscheinlich der richtigste und wichtigste. Über weitere Sinnfragen können sie sich hinterher Gedanken machen.

Die Frage nach Sinn, Ziel und Erfüllung wird in ihrer Richtung und ihrer Antwort immer davon abhängen, wie sehr sie aus dem Leiden gestellt wird und wie sehr deshalb der denkende Geist in bestimmter Weise von vornherein okkupiert ist. Um klarer zu sehen, brauchen wir einen geistigen Standort außerhalb der Okkupation. Auch der Eros, dieses eigentlich »Andere«, das wir immer suchen und so selten finden, steht außerhalb der Okkupation. Wir suchen es immer bei irgendwelchen Personen oder Ereignissen und merken dann, daß es auch dort nicht ist. Wir gehen wie Goethe rastlos von einem Ort zum anderen, wir berühren die Nähe des Gesuchten und spüren plötzlich den Impuls zu fliehen. Wir sind schlaflos vor Verlangen nach der begehrten Frau, und wenn sie dann vor uns steht oder liegt, wissen wir nicht weiter.

Was wir suchen, scheint sich immer irgendwie unserem Zugriff zu entziehen. Heinrich von Kleist schrieb vor seinem Selbstmord: »Es scheint mir trostlos, daß ich es nicht beschreiben kann, immer an einem anderen Orte zu suchen, was ich noch an keinem gefunden habe.« Es war irgendwie das ganze Schicksal der deutschen Romantik – und ist bis heute das Schicksal des Menschen.

In der Sehnsucht der Geschlechter wirkt die Ahnung einer kommenden Wollust, die wir alle in unseren Phantasien schon so viele und heimliche Male vorweggenommen haben. Wir Männer drehen uns nach den Frauenleibern um, weil wir die Vision einer leiblichen Intimität in uns tragen, die kaum je zur Verwirklichung kommt, weil wir uns nicht verständigen können und weil unser ganzes soziales System zusammenbräche, wenn die Menschen anfingen, ihren sexuellen Visionen zu folgen. Es geht dabei um Sex, aber um was für einen! Wollust ist die tiefste und schönste Exaltation, Berührung und Freudenschrei, Glück, Träne und Schweigen der Seele angesichts dieser wunderbaren, tatsächlich als Möglichkeit vorhandenen und als Lebensziel unabweisbaren Grundtatsache der Geschlechter. Sie, diese Wollust, ist tatsächlich das Ziel der Sehnsucht, der Sinn der Sinnlichkeit, die Endträne aller Sentimentalität und die Anfangsträne einer größeren Freude. Aber sie verlangt eine andere Daseinsweise, in der sie zu dauerhafter Geburt kommen kann. Sie verlangt andere gesellschaftliche Strukturen für unsere erotischen Begegnungen, und sie verlangt andere geistige Strukturen, die es uns endlich ermöglichen, an das Glück zu glauben, das wir durch unsere organische Ausstattung eigentlich in uns tragen. Sie verlangt auch den Austritt aus allen Fixierungen und Umklammerungen, mit denen wir normalerweise das kleine Stück Glück, das wir gefunden haben, gleich wieder ersticken. Wir können heute aber die Schmerzen durchschauen, die wir uns durch die falschen Programme der Liebe selbst zugefügt haben, und können deshalb unsere Hoffnung auf eine solidere Grundlage stellen. In diesem Erbe von Schmerz und Hoffnung, das sich die Generationen weitergereicht haben, ist jene Vision einer erotischen Kultur entstanden, die ganz auf Verleiblichung geht, ohne den geistigen Punkt zu verlassen. Es ist eine Verleiblichung ohne falsche Nähe und Enge der Beziehung und doch mit aller konkreten Zusammenarbeit und Verantwortung der an ihr beteiligten Menschen. Hier entsteht ein Bild des werdenden Menschen, der die Enge überwunden hat; die urbekannte Schönheit des Gesichts, das in diesem Moment zu strahlen beginnt.

Der Volksmund nennt die Sexualität »das Thema Nummer Eins«. Wir sollten nicht hinter diese Wahrheit zurückgehen, aber vielleicht noch ein bißchen über sie hinaus. Mit dieser Volksweisheit ist zunächst einmal ausgeprochen, was jeder ohnehin weiß, auch wenn er es nicht zugeben möchte: Das Thema, über das man am meisten nachdenkt, das einen am meisten bewegt, für das man die größten Anstrengungen unternimmt, ist das Thema Sexualität. Ich gehe meilenweit für Camel Filter, heißt es in der Zigarettenreklame. Ich fahre Tausende von Meilen für ein einziges sexuelles Abenteuer, ist der Leitgedanke in der Reisebranche. Die Menschen wollen tatsächlich nur das Eine.

Aber was? Was ist dieses Eine denn wirklich? Was wollen sie wirklich dabei? Warum kommt es offenbar so selten zustande? Warum laufen sie so unbefriedigt herum? Warum fangen sie schließlich an, auf dieses Eine ganz offensichtlich zu verzichten und sich mit ganz anderen Dingen zu beschäftigen? Und wenn sie nur das Eine wollen, und wenn im Grunde alle dieses Eine wollen, warum bringen sie dann nicht mehr Mühe und Sorgfalt auf, um Möglichkeiten dafür zu schaffen? Und warum geben sie sich keine deutlicheren Zeichen? Es muß eine komische Rasse sein. Oder liegt das alles an ihrer Schüchternheit? Laufen sie deshalb so unglücklich herum, weil sie Hemmungen haben?

Ich erinnere kurz an Nizamis Märchen vom »Verlorenen Paradies«. Ein Kaiser des alten China, der alle Geheimnisse der Menschen kennenlernen möchte, kommt in eine Stadt, wo alle Männer schwarz gekleidet sind. Sie besitzen Schönheit, Kraft und Trauer. Sie hatten alle auf der Suche nach dem letzten Glück das Reich der Feenkönigin mit ihren wunderschönen Frauen betreten. Von Frau zu Frau steigerte sich in ihnen das Verlangen nach der letzten Erfüllung bei der Königin selbst. Als sie endlich nach dreißig Nächten bei ihr angelangt waren und alles sich einzulösen schien, war sie plötzlich verschwunden. Der schöne Spuk hatte sich aufgelöst wie der Film der allerschönsten Projektion. Man kann Schritt für Schritt in diesem Märchen nachfühlen, was die Männer gesucht haben, aber man kann es kaum in Worte fassen, und es läßt sich schon gar nicht durch die Begegnung mit einem einzigen Menschen erfüllen. Diese Erfüllung der letzten Wollust kommt ja nicht mehr nur von außen. Es geht ja um eine Existenzweise, welche dem Ziel gewachsen ist und es latent schon in sich trägt. Die Geschichte vom verlorenen Paradies, aufgeschrieben Anfang des 13. Jahrhunderts in Persien, ist deshalb so ergreifend, weil sie eine Wahrheit enthält, die jeder sofort fühlt, weil er sie kennt: die Wahrheit der erotischen Quelle als des letzten und ewig unerfüllten Ziels unserer Reise. Das Stück ist ähnlich ergreifend wie zum Beispiel »Die Leiden des jungen Werther«, die der junge Goethe geschrieben hat und über die damals ganz Europa geweint hat. Der sonst vielleicht nicht sehr romantische Napoleon wollte seit der Lektüre dieses Buches unbedingt den Mann kennenlernen, der in der Lage war, so etwas zu schreiben. Worum geht es beim Werther? Um die Liebe und vor allem um die Ausweglosigkeit der Liebe. Werther muß Selbstmord begehen, weil er trotz Lottes Zuneigung keine Chance hat, ans Ziel zu kommen. Was war denn sein Ziel, und was war so ausweglos daran? Hier sind wir wieder bei des Pudels Kern. Das Ziel war – wie immer in so einer dramatischen Liebesgeschichte – die endgültige, archetypische, sexuelle Wollust und Vereinigung mit dem Weib. Eigentlich gar nicht so sehr mit Lotte allein, sondern mit dem Weib überhaupt. Das Ziel konnte aus zwei Gründen nicht eingelöst werden: Erstens gab es für Werther nicht die Möglichkeit einer direkten sexuellen Handlung, er hätte gar nicht gewußt, wie man so etwas macht. Und zweitens gab es in der Frühromantik keinen geistigen Raum für die freie Liebe, denn die Romantiker suchten ihr geheimnisvolles Glück immer nur in der verklärten Figur der Einen und Einzigen, die sie Maria, Diotima, Helena oder Lotte nannten. Werthers Verehrung und Verklärung von Lotte war die Vorahnung einer unendlichen Wollust. Wie aber soll eine Frau auf männliche Vorahnung reagieren, wenn sie nicht zur Tat kommen, zur leiblichen Erfüllung?

Das Ziel, bewußt oder unbewußt, ist immer das Eindringen ins »Kerngehäuse« durch sexuelle Vereinigung. Aber wenn es wirklich »nur« das ist, wenn das Ziel so nah im Irdischen liegt, warum soll es dann so unerreichbar sein?

Weil im sexuellen Kerngehäuse reale, aber noch verborgene Schätze liegen, die wir auf den bisherigen Wegen der Liebe noch nicht bergen konnten. Oder mit anderen Worten: Weil die Art und Weise, wie wir bisher die Erfüllung suchten und das Glück festhalten wollten, dem Wesen des gesuchten Zieles nicht entsprach. Man vertreibt eine Frau, wenn man sie mit falschen Methoden gewinnen möchte, und man vertreibt das Glück, wenn man seiner noch nicht wissend genug ist und es deshalb mit falschen Methoden erzwingen möchte. Die Erfüllung der Sehnsucht verlangt den Eintritt in einen neuen Erkenntnisvorgang.

Die uralte Mythologie vom verborgenen Schatz ist die Mythologie der verborgenen sexuellen Erfüllung. Das ist der reale, diesseitige Kern der archetypischen Symbolik, das eigentliche Geheimnis der inneren Spannung, aus denen der Mythos lebt und auch Grimms Märchen. Die Literaturgeschichte vom Gilgamesch-Epos bis zu Kafkas Schloß ist untergründig beherrscht vom Thema der unerreichbaren sexuellen Frucht. Der gesuchte Schatz liegt meistens an sehr entlegenen Plätzen der Erde, z.B. auf dem Meeresgrund, auf einer Insel, auf einem steilen Berg oder in einem finsteren

Wald. Er ist von Dämonen und furchtbaren Wächtern umgeben. Wer ihn trotzdem finden will, muß eine Todesgefahr nach der anderen auf sich nehmen! Es ist ungeheuer, was da symbolisch gesagt wird. Es ist offenbar lebensgefährlich, zu dem Schatz vordringen zu wollen. So lebensgefährlich wie der feuerspeiende Drache, der die Jungfrau in seinen Klauen hält und dem Helden, der sie befreien will, Gift und Feuer entgegenschleudert.

Es ist immer wieder erschütternd, wie sehr sich in der mythologischen Seele des Menschen animistische Weltfurcht, sexuelle Dämonie und kulturelle Triebunterdrückung miteinander verbunden und verdichtet haben zu solchen Angstgespenstern. Die Menschen haben im Laufe ihrer Geschichte die Erfüllung ihrer Sehnsucht selbst erschwert oder gar unmöglich gemacht durch die unbarmherzige Härte, mit der sie gegen diejenigen vorgingen, welche ihre Finger nicht lassen konnten von den begehrten Früchten. Die Kirche, welche den Menschen ihre sexuelle Sehnsucht mit grausamsten Mitteln aus den Leibern gebrannt hatte, schenkte ihnen dafür den Trost in einem erfundenen Jenseits. Nicht Erfüllung im Diesseits, sondern Erlösung im Jenseits – so hieß jahrhundertelang die geistige Parole. Man versteht, daß unter solchen Bedingungen, wie sie uns die ganze Kulturgeschichte hinterlassen hat, das Kerngehäuse in der Liebe nicht so leicht zu finden ist. Wir selbst stecken ja noch oft – wenn auch nicht mehr so kraß und so offensichtlich, sondern viel subtiler -in jener allgemeinen Sklavenhaltung, wo man den unerreichbaren Schatz für Sünde erklärt, den Verzicht für Weisheit, das Leiden für eine Notwendigkeit und die Trauben für sauer, weil sie zu hoch hängen. **Und diese Trauben hängen, für den Mann gesprochen, noch immer am Leib der Frau.**

Angesichts der noch bestehenden allgemeinen Strukturen im Bereich der sexuellen Liebe mag einem eine Kultur der vollen erotischen Verwirklichung als eine allzuferne und unrealistische Utopie erscheinen, als sympathische Träumerei vielleicht, aber eben nicht als potentielle Wirklichkeit. So haben die Menschen in der Liebe schon immer gedacht. Irgendetwas hat sie immer davon abgehalten, hier ihr Schicksal in die eigene Hand zu nehmen und endlich die alten Strukturen unter Einsatz ihrer Intelligenz zu verändern. Sie glauben heute an die Machbarkeit fast aller Dinge, aber im sexuellen Denken und in der Liebe kleben sie meistens noch hemmungslos an den alten eingefleischten Märchen der Vergangenheit.

Draußen vor dem Fenster spielt gerade ein Nachbarjunge mit seinem fernlenkbaren Spielzeugauto. Es gibt keine sichtbare Verbindung zwischen seiner Hand und dem Auto, trotzdem fährt es und folgt seinem Willen! Ein echtes Wunder. Wenn wir das vor fünfzig Jahren jemandem als konkrete technische Utopie erzählt hätten, hätte der uns für komplett verrückt gehalten. Heute dagegen, nur fünfzig Jahre später, ist es so real, daß der kleine Junge damit aufwächst, als wäre es eine Selbstverständlichkeit. Sollten wir nicht versuchen, mit einem ähnlichen Entwicklungsdenken, wie es im Bereich der Technik selbstverständlich ist, auch im Bereich der Liebe zu arbeiten?

Der verborgene Schatz und das verlorene Paradies liegen nirgends anders als in uns selbst. Mit uns meine ich nicht jeden einzelnen, sondern den Menschen als Gattung, welche in Form der beiden Geschlechter existiert. Die Wurzeln einer lebenswerten Zukunft und einer Welt ohne Angst und Gewalt liegen in einem neuen Verhältnis der Geschlechter. Das Buch wird nach und nach verständlich machen, welche Art von neuem Verhältnis da gemeint ist. Die Heimat des Menschen auf der Erde, sein eigentliches und letztes Ziel, wird dann gegenwärtig sein, wenn er seine sexuelle Schranke überwindet, so daß er vor dem Diesseits nicht mehr flüchten muß.

Das Gleichnis vom Berg

Die Welt der Menschen ist verdammt unwirtlich geworden und das Leben schwierig, aber trotz allen Untergangstendenzen wird auch diese Zeit nur eine Zwischenphase sein im ewigen Werden. Der Geist des Lebens arbeitet weiter. Und so hat auch eine Zeit, die geistig so orientierungslos ist wie die jetzige, ihre eigenen geistigen Quellen, Impulse und Grenzüberschreitungen. Viele Menschen machen sich auf ihre eigene Weise auf den Weg, um der Welt das abzuringen, was sie in der herkömmlichen bürgerlichen Existenz nicht finden konnten. Reinhold Messner hat in den Todeszonen des Hochgebirges innere Erfahrungen gemacht, die uns alle weiterbrächten, wenn wir daran teilnehmen könnten. Rüdiger Nehberg, der große Abenteurer, hat Gefahren auf sich genommen, die er nur deshalb heil überstehen konnte, weil er eine unerschütterliche Ruhe und Kontaktfähigkeit zu allen Dingen in sich trug. Domenica, Deutschlands »letzte Hure«, hat mit ihrer humanen Liebe das Gewerbe ausgefüllt bis zum Letzten und praktiziert jetzt unter unsäglichen Milieubedingungen eine Form der Nächstenliebe, von der kein christlicher Pfarrer etwas weiß (wüßte er etwas, wäre er wahrscheinlich kein Pfarrer mehr). Gia Fu Feng, der verstorbene Tai-Chi-Meister, hat uns eine zeitgemäße Art des Taoismus gelehrt, die wir nicht vergessen werden. Die Hopi haben wie auch die Cherokee eine Naturweisheit bewahrt, auf die wir nicht mehr verzichten können. Wir könnten lange fortfahren. Alle diese Menschen und Gruppen haben in dem vor uns liegenden Gesamtproblem einen Aspekt der Überwindung und der Heilung gesehen, dem sie mit Leib und Seele treu geblieben sind. Aber sie waren und sind nicht verbunden miteinander, oft wissen sie nicht einmal etwas voneinander. Sie alle sind, bildhaft gesprochen, von verschiedenen Richtungen her auf einen Berg gestiegen, ohne die anderen zu sehen, die aus anderen Richtungen kamen. Sie werden sich erst sehen und erkennen, wenn sie oben angekommen sind.

Aber werden sie ankommen? Reichen ihre Mittel, um schließlich in Verbindung mit den anderen eine wirkliche Kommunikation und Kommunion des Menschen zu erreichen? Wo sind an diesem Berg die Wanderer, die – von Schritt zu Schritt, von Haken zu Haken – das Thema der Geschlechterliebe erkennen und bearbeiten?

Sind sie unbekannt geblieben, weil es ihnen schwindlig wurde?

Was ich mit dem Gleichnis sagen möchte: Mit der Arbeit am sexuellen Thema ist es sicher nicht getan. Der Mensch besteht nicht nur aus Sexualität, und die Wahrheit läßt sich niemals festlegen auf einen einzigen Weg. Was die geistigen und körperlichen Pioniere unserer Zeit – meistens noch außerhalb der öffentlichen Aufmerksamkeit – vollbringen und erzeugen, ist das Neuland, das wir alle brauchen für den Einstieg in eine intelligentere und größere Epoche. Aber ohne die zusätzliche Arbeit am sexuellen Thema und ohne die Kernarbeit an den unabweislichen inneren Fragen wird niemand oben ankommen. Zu windig und zu bizarr, zu heroisch und zu einzeln sind solche Husarenstücke des Geistes und des Mutes, um von vielen begleitet werden zu können. Zu fremdartig bleiben sie irgendwo immer, solange sie nicht innerlich genährt sind vom Wärmestrom der sinnlichen Liebe. Gewiß ist auch der Kampf für die Befreiung der Liebe eine Art von Gipfelstürmerei. Aber das Ziel dieses Unternehmens liegt in der klaren Absicht, das Glück von den Bergen runterzubringen auf die Erde und es dort so fest und so tief zu verankern, daß auch die Täler zu blühen beginnen. Was könnte dafür besser geeignet sein als eine wirkliche Verständigung der Geschlechter über ihre intimsten Fragen und Wünsche?

Von der Seligkeit der ersten Liebe zur Alltäglichkeit der Ehe

Kann man sich vorstellen, daß diese normalen, grauen, erwachsenen Menschen, die diese Welt übervölkern, einmal geliebt haben? Kann man irgendwie glauben, daß diese Ehepaare einmal verliebt gewesen sind? Können wir uns unsere eigenen Eltern als glühendes, verliebtes Paar vorstellen? Was ist in diesen wenigen Jahren oder Jahrzehnten passiert mit der Seele der Menschen, daß sie sich so von der Liebe entfernen mußten? Seit Jahrhunderten wird dieses Schicksal der verlorenen Liebe von Generation zu Generation weitergegeben. Wenn die Kinder aufwachsen, ist die Liebe ihrer Eltern meistens schon erloschen.

Es muß etwas wirksam sein in den Beziehungen Liebender, was nach einiger Zeit stärker ist als die Liebe und sie unter allen Umständen zu ruinieren trachtet. Da hilft auch nicht der bestgemeinte Treueschwur und auch nicht die gegenseitige Versicherung »bis daß der Tod uns scheide«. Gegen die Kraft des schleichenden Mißtrauens und der beginnenden Langeweile ist bis jetzt offenbar auf dieser Welt noch kein Kraut gewachsen. Ich habe eigentlich noch keine Liebesbeziehung irgendwo erlebt, wo die Partner nach 20 Jahren noch aktuell erotisch, verliebt und treu waren. Wenn sie treu waren, dann durch einen Verzicht auf Eros. Wenn sie trotzdem noch regelmäßig ins Bett gingen miteinander, dann durch einen Verzicht auf Geilheit. Wenn sie trotz allen Schwierigkeiten beieinander geblieben waren, dann eher aus dem Bedürfnis nach Sicherheit als aus dem Feuer der Liebe.

Weil diese Strukturwandlung von der Liebe zur Alltäglichkeit überall geschieht, hält jeder sie offenbar für normal. Es scheint im Bewußtsein von dreißigjährigen oder vierzigjährigen Zeitgenossen normal zu sein, daß man in diesem Alter nicht mehr liebt, sondern arbeitet. Es käme ihnen absurd vor, sich nochmals so in jemanden zu verlieben, daß man rot wird, wenn die Blicke sich treffen. Sie glauben tatsächlich, daß die Erregung des Herzens und die Vibration des Leibes ausschließlich der Jugend angehören. Sie haben in gewisser Weise recht, aber nur statistisch. Weil tatsächlich die Liebe in den meisten Fällen schon nach der Jugendzeit stirbt, glauben die späteren Erwachsenen, mit ihr nichts mehr zu tun zu haben. Emma Goldmann war durch ihr sexuelles Liebeserlebnis mit 68 Jahren so erregt, daß alle Zellen in ihr jubilierten und sie sich fast schämte, in diesem Alter noch so ein Erlebnis zu haben. Aber in Wirklichkeit ist die Liebe nicht an ein Alter gebunden, auch nicht alle die schönen Dinge, die mit ihr verbunden sind, wie Herzklopfen und Vorfreude, Seligkeit und Wollust. Aber wir Menschen haben in unserem System von Ehe, Familie und Gesellschaft tatsächlich das historische Wunder vollbracht, in Tausenden und Abertausenden von Liebespaaren die Wonne der Liebe auf die ersten paar Tage oder Jahre zu beschränken und sie hinterher auszulöschen. Das gehört für ein sehendes und denkendes Auge zu den ungeheuerlichsten »Kulturleistungen« unserer Gattung.

Ich möchte allen Neuverliebten dringend ans Herz legen, darüber nachzudenken, bevor sie mit absoluter Sicherheit in dieselbe Falle laufen.

»Errötend folgt er ihren Spuren
und ist von ihrem Gruß beglückt;
das Schönste sucht er auf den Fluren,
womit er seine Liebe schmückt.«
(Schiller)

Wer so auf den Spuren der Liebe wandelt, der weiß eigentlich noch kaum etwas von Treue und Partnerschaft, von Dauer und Festigkeit in der Liebe. Er weiß auch noch kaum etwas von der Person, in die er sich verliebt hat. Er hat nichts als einen unendlich großen Traum und den unbändigen Wunsch, mit dem verehrten Wesen zusammenzukommen und für immer zusammenzubleiben. Sie haben weder Eltern, die ihnen ein sinnvolles Zusammenleben vorgelebt haben, noch ein menschliches Wissen, wie man ungefähr zusammenleben müßte, um dieser Liebe Dauer zu geben. Sie haben dann meistens nichts Eiligeres zu tun, als dieses gefundene Glück zu sichern, abzuschirmen, ein für allemal an sich zu binden und möglichst einen lebenslangen Vertrag zu machen, um den Schatz nie mehr zu verlieren. Sie werden also heiraten. Peng. Dann werden sie Kinder kriegen. Peng. Dann werden sie eine Wohnung mieten und ihr Heim schmücken. Peng. Dann werden sie ein eigenes Heim bauen wollen. Peng!

Sie werden die einfachsten Dinge nicht beachten und deshalb schon bald in den berühmten Clinch kommen, wo sie sich gegenseitig beargwöhnen, bewachen, bevormunden und mit Vorwürfen überhäufen. Sie werden zum Beispiel, falls sie beide attraktiv sind, nicht daran denken, daß ihr Partner ja auch anderen gefällt. Sie werden es stillschweigend übersehen, daß er eigentlich sehr gern auf diese anderen Angebote einginge. Sie kennen voneinander genau diese heimlichen Wünsche nach neuen Kontakten, denn sie haben sie ja selbst. Sie werden deshalb vorsichtigerweise darüber schweigen. Aber irgendwann kommt totsicher der erste Punkt, wo dieses labile Gleichgewicht des Schweigens zusammenbricht und der eine oder andere zu platzen beginnt.

Sie werden sich erzählen, daß sie sich alles ganz anders vorgestellt haben, daß der andere das Versprechen gebrochen oder sonstige furchtbare Dinge gemacht habe. Sie werden anfangen, ihn absichtlich zu beobachten, um ihn bei kleinen Schwindeleien zu ertappen, denn sie wissen ja, wie sehr sie im Grunde selbst schwindeln. So entsteht der berühmte Teufelskreis des Mißtrauens, aus dem es unter den üblichen Bedingungen einer üblichen Zweierbeziehung und des üblichen Bedürfnisses nach gesellschaftlicher Anerkennung, Karriere etc. keinen Ausweg mehr gibt. Es bleibt einem unter solchen Strukturen in der Regel nichts anderes übrig, als auf Sex und Liebe immer mehr zu verzichten oder sie heimlich woanders zu holen. Im einen wie im anderen Fall ist die Liebe gescheitert. Es gibt eigentlich in diesem seltsamen Bühnenstück gar keinen eigentlich Schuldigen. Schuldig ist die Bühne der gesellschaftlichen Ehe, welche nicht zu dem Stück paßt, solange das Stück Liebe heißt. Es gibt kaum etwas Ungeileres als diese Bühne, und es gibt kaum etwas Geileres als das Stück, das da gespielt werden sollte mit heißem Verlangen. Das Stück »Liebe und Verlangen« auf der Bühne der Ehe zu spielen, ist meistens ebenso unmöglich wie auf den Bühnen von St. Pauli, wo zwei Showbumser in einer Rotlichtecke ein geiles Stück als Abendnummer präsentieren sollen. Das eine ist so künstlich und so abgestanden wie das andere.

Es geht mir mit solchen Ausführungen nicht darum, irgend jemandem die Lust an der Liebe zu nehmen. Es ist auch kein Kampf gegen die Zweierliebe. Sie soll nicht zerstört, sondern viel eher gerettet werden. Aber dazu sind andere Bedingungen nötig. Erstens andere geistige Bedingungen bei den beiden Partnern. Sie müssen wissen, daß sie mit Eifersucht und ihrem viel zu engen Treuebegriff nicht weit kommen werden. Zweitens andere gesellschaftliche Bedingungen. Die Liebe kann nur dort Bestand und Leuchtkraft bewahren, wo sie sich nach außen nicht mehr abgrenzen und schützen muß, sondern wo sie ihrem natürlichen Drang nach Expansion folgen kann. Im Klartext: Die Partner brauchen eine Gemeinschaft von Freunden, wo das, was sie untereinander erleben, auch auf andere übergehen kann, und wo in wahrheitsgemäßer Form über alle Schwierigkeiten und Konflikte, die auch bei ehrlichstem Einsatz unvermeidlich sind, gesprochen werden kann. Zwei Liebende sind immer und überall heillos überfordert, wenn sie alle die Themen und Probleme, welche im Laufe von Jahrhunderten sich mit dem mißhandelten Eros verbunden haben, allein ausbügeln sollen. Das geht auch bei bestem Willen und höchster Intelligenz über ihre Möglichkeiten. Es ist zuviel, was der Mensch im Lauf der Geschichte sich und seinem Verlangen angetan hat, wie er die Liebe verraten und dafür eine falsche Moral erfunden hat, wie er alle ursprünglichen hohen Werte, die mit Liebe, Eros, Sexus, Freundschaft, Treue verbunden waren, umgedichtet hat in das biedere kleine Leben in seiner biederen kleinen

Hütte mit seinem biederen kleinen BMW etc. Es ist ja klar, daß da irgendwann ein Punkt kommt, wo man über nichts mehr wahrheitsgemäß reden kann. Täte man es, so würde ja dieses ganze Ersatzleben zusammenbrechen, und wer weiß, ob dann noch die Stellung und das Geld da wäre für den nächsten Wagen oder das geplante Haus. Also verzichtet man auf Wahrheit. Wo aber in einer Liebesbeziehung auf Wahrheit, auf Auseinandersetzung und auf solidarischen Angriff verzichtet wird, da ist die Alltäglichkeit schon vorprogrammiert. Nichts macht eine Beziehung spannender als die Wahrheit, denn durch nichts anderes fangen wir an, uns gegenseitig zu entdecken.

Die beiden Liebenden haben im Anfangsstadium ihrer Verliebtheit gar nicht den Wunsch, sich zu entdecken. Sie wollen zusammensein, sonst nichts. Sie lieben emotionell und hoffen, daß es so bleibt. Wenn sie es dann schaffen, das erste Mal miteinander ins Bett zu gehen, dann haben sie meistens keine Ahnung, wer der andere ist, mit dem sie da liegen. Meistens merken sie diese eigentümliche Tatsache, ihren Partner ja nie gekannt zu haben, erst, wenn er endgültig wieder weg ist. Sie haben einfach übersehen, vorher danach zu fragen, und als es dann nötig geworden wäre, gab es keine rechte Möglichkeit mehr dafür, weil man sich bereits zu fest auf einem anderen Gleis eingerichtet hatte. Das weiß jeder, der dieses ganze System bei sich und bei seinen früheren Freunden miterlebt hat und den Geist dabei nicht ganz aufgegeben hat. C'est la vie, und so wird es bleiben, wenn wir es nicht verändern. Die wichtigste Veränderung besteht darin, daß beide Partner ihren sexuellen Träumen und Wünschen gegenüber anderen nachgehen können, ohne deshalb aus ihrer Liebesbeziehung austreten zu müssen. Davon handelt der nächste Abschnitt.

Freie Liebe und Zweierliebe

Also, sprach die Biene, nachdem sie eine besonders schöne Blüte gefunden hatte, du gehörst jetzt mir und sollst keine anderen Bienen neben mir haben.

Also, sprach der Frierende zur Sonne, die ihn gerade zu wärmen begann, du gehörst jetzt mir und sollst niemand anderem deine Wärme schenken.

Also, sprach das Mauerblümchen, ich liebe den Flieder, aber der wird ja auch von anderen geliebt, also werde ich meine Liebe zurückziehen. Sprach's und verwelkte.

So denken die meisten Menschen immer noch, wenn es um Liebe geht. Wir könnten lange fortfahren mit einer Litanei ganz und gar absurder Sätze, die allesamt das Erstaunliche an sich haben, daß sie tatsächlich im Liebesleben zeitgenössischer Menschen verwirklicht sind. In der Liebe scheint es, was die Intelligenz und die geistige Feinfühligkeit betrifft, keine Grenze nach unten zu geben. Man hat sich noch nicht gemeinsam auf ein positives Veto geeinigt, wo man sagen könnte: bis hierher und nicht tiefer. Die Rechnungen, welche wir im Leben betreiben, wenn es um Liebe und Sex geht, haben rein gar nichts mit der Sache selbst zu tun. Sie entstammen den Denkgewohnheiten einer im erotischen Bereich ewig zu kurz gekommenen Gesellschaft.

Freie Liebe ist erkennende und heilende Liebe. Sie steht in keinem Gegensatz zur Zweierliebe, sie ist aber auch nicht auf einen einzigen Partner fixiert. Bildhaft könnte man sagen, in der freien Liebe sind die Blicke der beiden Partner nicht dauernd aufeinander gerichtet, sondern die beiden schauen mit parallelem Blick in die Welt. Dort gibt es laufend neue Kontakte, neue erotische und geistige Möglichkeiten, neue Entdeckungen. Es gibt für zwei Liebespartner, die im Sinne der erkennenden Liebe miteinander verbunden sind, nicht den geringsten Grund, sich vor dieser verlockenden Welt zu verschließen. Je mehr sie beide sich einlassen auf die Welt, um so mehr haben sie sich mitzuteilen und um so reicher wird ihre Beziehung. Es ist eine Wonne, sich nach solchen Ausflügen wieder in neuer Freundschaft zu treffen.

Es sind Rechnungen der alten Zeit, die ein ängstliches Entweder – Oder herstellen, wo in Wirklichkeit die schönste Ergänzung ist. Es herrscht in den Herzen vieler Menschen die reinste Buchhaltermentalität, wo insgeheim immer gerechnet, kalkuliert und verbucht wird. Sie denken zum Beispiel: Ich hätte diese Person sehr gern zum Partner, aber wenn wir freie Liebe machen, könnte ich ihn ja wieder verlieren (als ob man sich davor durch den Vertrag der Zweierliebe schützen könnte!). Oder sie lieben und begehren jemand, denken dann aber, daß der ja schon von anderen besetzt ist und daß sie deshalb nichts abkriegen. Hier wirken Gedanken, die dem Wesen der freien Liebe und dem Wesen der Liebe überhaupt widersprechen. Sie scheinen uns bereits so selbstverständlich, daß wir oft gar nicht mehr merken, wie eng und falsch sie sind. Wirkliche Liebe kalkuliert nicht; sie ist auch frei im Schenken – ohne Überlegung, wieviel man dafür zurückkriegt. Freie Liebe richtet sich auch auf Menschen, die im Moment schon »besetzt« sind, denn wer ist denn in Wirklichkeit schon besetzt? Das sind Gedanken aus dem Krämerladen, und wer sie zu oft denkt, entwickelt in sich eben eine Krämerseele. Freie Liebe aber ist der Flug der Möwe Jonathan (aus dem Buch von Richard Bach). Auch die hätte sich bestimmt sehr gern immer wieder bei einem Partner niedergelassen, wenn sie einen gehabt hätte. Liebe ist ein Geschenk, das man annimmt und weiterreicht. Auch Sexualität ist ein Geschenk, das man genießt und weitergibt. Wenn man bei der Verteilung der Liebesenergien am Kalkulieren ist wie obiges Mauerblümchen, dann wird man eben eines. Und wenn man mit der Mentalität der obigen Biene an die Liebe herangeht, dann kriegt man leicht etwas Surrendes und Stachliges.

Freie Liebe lebt weitgehend vom Geben und von der positiven Offensive. Wenn du jemanden liebst und es ihn

spüren läßt, wird bestimmt eine Portion davon auf dich zu-
rückkommen. Die Zweierliebe sollte sich nicht vor der freien
Liebe schützen, denn freie Liebe ist eine Tatsache des Lebens
und keine Willkür des Menschen. Wirkliche Partnerschaft
braucht die freie Liebe, damit sie selber wachsen kann und
frisch bleibt. Sie braucht die freie Liebe wie die Blume das
Wasser. Wenn das Wasser zu lange fehlt, dann welkt die
Blume. Wenn der Eros zu wenig Abwechslung und neue
Nahrung durch andere erhält, dann schrumpft er auch in der
besten Partnerbeziehung. Da mögen ganze Kulturen und Na-
tionen sich erheben mit unmäßigem Protestgeschrei, es bleibt
dabei: Die Liebe ist frei.

Die sinnliche Liebe mit ihrer vollen Wonne und Seligkeit
beginnt oft in einer erfüllten Zweierliebe. Die Zweierliebe ist
eine natürliche Quelle der sexuellen Liebeserfahrung, sie soll
deshalb geehrt und geschützt werden. Wo zwei Partner, die es
ernst meinen, in ihrer Beziehung nicht weiterkommen, soll
man sie unterstützen und nicht lakonisch auf die freie Liebe
hinweisen. Aber sie sollen wissen, daß hier ein Weg liegt, der
ihre Beziehung tatsächlich gewaltig vorantreiben könnte.
Zweierliebe und freie Liebe stehen nicht im Widerspruch
zueinander, sie sind nur zwei verschiedene Etappen im Ent-
wicklungsgang der sinnlichen Liebe. Wo Zweierliebe und
freie Liebe miteinander kollidieren und in die bekannte innere
Ausweglosigkeit führen, da liegt ein Denkfehler vor. Es ist
nicht ein Fehler im Bauch oder im Nervensystem, sondern ein
wirklicher Denkfehler. Man hängt innerlich zum Beispiel an
der Zweierliebe, begegnet dann aber einem neuen Menschen
und denkt jetzt, wegen des eigenen Treuebekenntnisses zur
Zweierbeziehung ihn nicht lieben und begehren zu dürfen.
Oder umgekehrt, man hängt an der freien Liebe, verliebt sich
dann aber Hals über Kopf in eine Person und denkt jetzt,
dieser »Zweierliebe« nicht folgen zu dürfen, weil sie doch im
Widerspruch stehe zum Gedanken der freien Liebe. – In
beiden Fällen folgt man nicht der Liebe und nicht dem Ver-

langen, sondern einem aufgesetzen und falschen Gedanken, einer Ideologie. Wir machen ja aus allem eine Ideologie, was wir noch nicht aus eigener Erfahrung verstanden haben. Die sexuelle Liebe aber ist von Natur aus das Prinzip, das alle Ideologien sprengt. Man kann sich weder auf den einen noch auf den anderen Standpunkt festlegen, und es gibt vom Leben her nicht die geringste Notwendigkeit, es zu tun. Wo man es doch tut, erleidet man unweigerlich einen Verlust an Lebendigkeit, an Wahrheit und an Liebesfähigkeit. Es gibt in der Liebe kein Entweder-Oder, es gibt nur die expandierende Kraft des Eros, die »anarchistische« Freude der Sinnlichkeit, die strömende Fülle und die Lust am Weitergeben. Es gibt in jedem eine innere Entwicklung, die ihn zu den verschiedensten erotischen Auffassungen bringt, je nachdem, welche jetzt im Moment gerade organisch »stimmt«. Wer heute die Zweierliebe liebt und auf sie schwört, der braucht nichts zu verraten und keine Treue zu brechen, wenn er vielleicht trotzdem einige Jahre später ein Troubadour der freien Liebe geworden ist. Diskussionen und Kontroversen über Zweierliebe oder freie Liebe sind so sinnlos wie Diskussionen darüber, ob die Welt eine Einheit oder eine Vielfalt sei. Man führt meistens solche Kontroversen nicht aus einem wirklichen Erkenntnisinteresse, sondern aus dem Bedürfnis heraus, eine gegebene Lebenssituation ideologisch abzusichern. Noch ehe man die eigentliche Erfahrung gemacht hat und innerlich kennt, hat man sie schon ideologisch beurteilt. Diesem ideologischen Prinzip folgten die Anhänger der Monogamie ebenso wie die Anhänger der freien Liebe. Urteile in der Liebe sind Schranken der Erkenntnis. Sexuelle Liebe ist eine Urerfahrung, die vollkommen außerhalb solcher Urteile steht. Sie ist selbst noch keine Partnerschaft. Wo sie zu einer Partnerschaft führt, die sich nicht mehr nach außen verschließt, da entsteht die neue Richtung der Geschlechterliebe.

Zum Schluß noch ein Wort zum Thema Partnerschaft. Partnerschaft ist eine sehr hohe Form der Beziehung zwischen Mann und Frau. Sie entwickelt in sich ein Modell der menschlichen Beziehung, das eigentlich für alle gelten könnte. Sie dient der immer tieferen Verständigung und Verbindung der Geschlechter überhaupt, nicht nur dieser beiden Liebenden. Sie öffnet sich deshalb für alle Fragen der Geschlechterliebe und arbeitet so an einem allgemeingültigen Kernstück des Themas Mensch. Partnerschaft und freie Liebe sind keine Gegensätze, sondern sie ergänzen sich und brauchen einander. Verliebtheit, gemeinsamer sexueller Höhenflug und sinnliche Freude aneinander sind herrliche Dinge, aber noch keine Partnerschaft. Wenn zwei Menschen bis ins hohe Alter zusammenbleiben und nebeneinanderher mümmeln, so ist das ein beachtliches Phänomen, aber keine Partnerschaft im hier gemeinten Sinn. Wenn zwei Menschen zusammen sind, weil sie Angst haben, alleine zu sein, so ist das sicher auch keine Partnerschaft. Eine Beziehung, die zu ihrer Selbsterhaltung auf die sexuelle Abriegelung nach außen angewiesen ist, ist wahrscheinlich auch noch nicht auf dem Niveau einer wirklichen Partnerschaft. Partnerschaft beginnt dort, wo zwei Menschen neben ihrer sexuellen Anziehung eine gemeinsame geistige Basis aufbauen, welche ihnen auch dann die Kommunikation ermöglicht, wenn emotionell etwas schlechteres Wetter ist. Partnerschaft setzt voraus, daß beide Partner sich selbstverantwortlich gegenüberstehen und nicht immer die Schuld beim anderen suchen. Damit sind zwei wesentliche Dinge gesagt, die in den Geschlechterbeziehungen und Ehen bis heute kaum verwirklicht sind: das Vorhandensein einer geistigen Basis und die Selbstverantwortlichkeit der Partner. Diese Dinge paßten bisher weder in das Bild der Liebe noch in die Rolle der Frau, die ja ruhig etwas dumm sein durfte, wenn sie dafür gut aussah oder gut kochen konnte. Unter den Voraussetzungen der bisherigen Ehestruktur ist wirkliche Partnerschaft ein fast unerreichbares Ziel. Man ist verheiratet, was soll man sich dann noch geistig verständigen? Aber darum geht es heute im Zeitalter der richtig verstanden Emanzipation beider Geschlechter: Mann und Frau sollen sich als Partner gegenübertreten und verständigen. Partnerschaft ist immer verbunden mit Gleichberechtigung, oder besser gesagt, mit Gleichgewichtigkeit der beiden Pole. Die beiden können nur so weit die Partnerstruktur miteinander aufbauen, wie sie sich »gewachsen« sind und tatsächlich in Resonanz miteinander stehen können. Eine wirkliche Partnerschaft zwischen einer intelligenten Frau und einem dummen Mann ist ebenso undenkbar wie eine Partnerschaft zwischen einer wollüstigen Nudel und einem intellektuellen Stockfisch. Gegensätze ziehen sich an, heißt es; aber ziehen sie sich auch aus, und wenn ja, wie lang? Der Reiz des ersten Gegensatzes ist schnell verflogen, wenn die Niveaus zu unterschiedlich sind. Der Aufbau realer Partnerschaften verlangt von beiden Partnern ein Wissen in der Liebe, welches sie vor den alten Fallen schützt und sie veranlaßt, alle Zäune nach außen aufzugeben. Erst dann kann sich das bewähren, wovon man früher immer nur träumen konnte. Das Zeitalter der Partnerschaft liegt nicht hinter uns, sondern vor uns. Es ist das Zeitalter der freien Liebe.

Die Macht der anonymen Sexualität

Es ist erotisch ein Unterschied, ob ich eine Frau schon gut kenne, oder ob ich ihr als Fremder begegne. Was ist das für ein Unterschied? Wenn ich einer Frau, die ich gut kenne, sagen würde, was ich sexuell empfinden würde, wenn ich sie zum ersten Mal sehen würde, dann würde sie sich ziemlich wundern. Sie wäre erstaunt über das Ausmaß meines Begehrens. Sie ist sich ja selbst so bekannt und vertraut, daß sie an sich nichts besonders Aufregendes finden kann. Sie trägt täglich denselben Körper, den sie fast routinemäßig pflegt. Sie sieht sich jeden Tag im Spiegel und sieht immer dasselbe Gesicht. Sie weiß vielleicht, daß sie schöne Brüste hat oder einen verlockenden Hintern, aber auch das gehört zu ihren alltäglichen Dingen. Man ist ja schließlich keine Marylin Monroe. Sie kauft sich schöne Kleider und wackelt vielleicht sogar ein bißchen mit dem Hintern, weil das ja irgendwie ankommt.

Wie verträgt sich diese Alltäglichkeit ihres Selbstgefühls mit der Tatsache, daß sie auf fremde Männer erregend wirkt? Die Frage gilt auch für den Mann. Er geht seinen alltäglichen Dingen nach und denkt meistens gar nicht daran, daß er, falls er nicht ganz vertrottelt ist, eine erotische Wirkung hat auf Frauen, einfach weil er ein Mann ist.

Was ist das für ein Signal, das da eine solche Erregung bewirkt? Was hat mir dieser fremde Frauenleib, dem ich einfach nachgucken muß, für ein unwiderstehliches Zeichen gesendet? Wie oft schon habe ich mich umgedreht, ohne etwas von dieser Magie konkret erfassen zu können. Es ist, als läge unter diesen Hüllen das größte Versprechen, die letzte Erfüllung, die Offenbarung. Aber welches Versprechen und welche Offenbarung? Wenn ich der Frau so etwas sagen würde, käme es ihr unendlich komisch vor. Es wäre auch komisch, denn Worte haben wenig Sinn, wenn der ganze

Organismus so gebannt ist, daß man kaum vernünftig und schon gar nicht locker reden kann. Ich weiß, daß die meisten Männer in einer solchen Situation erst gar nicht den Versuch machen würden. Es wäre zu peinlich und zu entlarvend, sich so zu offenbaren. Wenn man nicht gerade ein ausgekochter Macho ist, bei dem das Imponierverhalten schneller einsetzt als seine wirkliche Erregung, hat man keine Chance, eine solche Situation irgendwie sinnvoll zu lösen. Insgeheim weiß ich auch, daß es den geweckten Frauen genauso geht, aber sie haben erst recht keine Möglichkeit, eine sinnvolle Initiative zu ergreifen. So zieht sich Tag für Tag durch die ganze Geschlechterwelt etwas Unausgesprochenes und Vermiedenes, was Millionen Einzelne mit sich alleine weitertragen, bis sie es in der alltäglichen Routine vergessen haben – und bis es unweigerlich wiederkommt.

Das Schwierige an dieser Situation ist: Ich meine gar nicht diese Frau persönlich, sondern ich meine sie als Weib, als Gattungswesen, als anonymen Inbegriff meines Verlangens, als eingeprägtes Bild aller meiner Körperzellen und Sinnesorgane. Ich reagiere nicht gezielt und bedacht, nicht als zivilisierter Mensch und schon gar nicht moralisch, sondern ich reagiere ganz unmittelbar mit dem ganzen vegetativen Nervensystem und der darin gespeicherten Phantasie. Ich bin selbst schon fast mehr Opfer als Täter, auch wenn ich nichts anderes mehr wünsche, als sie zu »nehmen«. Ich erniedrige sie nicht, und ich verkläre sie auch nicht, ich stehe ganz einfach unter dem unentrinnbaren Einfluß einer numinosen sexuellen Macht, die sie in diesem Augenblick auf mich ausübt. Auf dieser Ebene gibt es keine Worte, keine Verständigung mit Worten, keine Meinung, keine Diskussionen. Auf dieser Ebene gibt es eigentlich auf beiden Seiten denselben Wunsch, dieselbe Phantasie, dieselbe Macht. Was fehlt, ist die Möglichkeit einer ohne viele Worte erfolgenden, gewaltfreien Verständigung, welche trotz aller Erregung in der Lage ist, Sensibilität und Kontakt herzustellen. Unsere Kultur hat hier keine Werkzeuge entwickelt, die man sinnvoll benutzen könnte. Es gibt auf dieser Ebene bis heute eigentlich nur den stummen Verzicht. Man ahnt hier, was es heißen könnte, in einer wirklich erotischen Kultur zu leben, die auch und gerade diesen Bereich des anonymen Eros kennt und pflegt und erreichbar macht für beide Geschlechter.

Was würden wir eigentlich in einer solchen Situation tun, wenn wir »dürften« oder könnten oder einfach täten? Würden wir diese Frau mutig und artig ins Café einladen und somit die sprachlose Erregung auf die Ebene unserer bekannten Dinge herunterholen? Es wäre schön, wenn wir wenigstens das täten. Aber eigentlich…? Eigentlich geht es um jene authentische Handlung, die Erica Jong den »Spontanfick« genannt hat und für den sie um die halbe Welt gereist ist, ohne ihn zu finden. Es geht um das Ein und Einzige, ohne Worte, ohne Absprache, ohne Alltag. Es geht nicht um Gewalt, aber auch nicht um Beschwichtigung und persönliche Zärtlichkeiten. Es geht um den archaischen Tanz des Sexus, um Nehmen und Genommenwerden, um Hingabe auf beiden Seiten, um diese ganz bestimmte einzigartige Grenzüberschreitung. Eros ist die Macht der Grenzüberschreitung, er hat darin seine Erfüllung und seine Bestätigung. Könnten beide Partner in dieser anonymen Szene dies ohne Lüge und Gemeinheit, ohne Angst und Gewalt miteinander tun, dann würden sie beide mit einem Jubel daraus hervorgehen wie aus einem tiefsten Déjà Vu. Das gibt es also doch, diese Art von Abenteuer, welche schon immer die heimlichen Phantasien beflügelt hat!

Das Beispiel zeigt, daß der Sexus weit mehr ist als ein personales Geschehen zwischen zwei Menschen. Dorothee Zeemann (in dem Buch »Die verschwiegene Lust«) sagt, sie möchte keine persönliche Liebeserklärung, sondern: »Ich will den Respekt einer anständigen Erektion, nichts weiter.« Hier ist es fast auf animalischer Ebene ausgesprochen, was am Sexus über alles Persönliche hinausgeht und was uns vielleicht mehr erregt als alles andere. Das gilt für Männer und Frauen gleichermaßen. Der Sexus wurzelt in tieferen Schichten unserer Seele, lebt aus archetypischen Kräften und zielt auf eine Vereinigung, die jenseits aller kulturellen Regelungen liegt. Sie treffen sich als ein Mann und ein Weib, nichts weiter. Und wenn Es dann geschieht, dann war es ein Augenblick der Erfüllung, der außerhalb jeder Diskussion steht. Wenn andere die Szene beobachten und wissen, daß die beiden Es jetzt tun, dann sind sie selbst so erregt, daß sie kaum noch ihr Bierglas an den Mund bringen. Die reine sexuelle Energie ist wie die spirituelle von kosmischer Art, sie ist eine wirkliche Quellenenergie des Lebens und weist uns über alle Schranken hinweg in eine Richtung, in der wir bis jetzt noch wenig zu suchen gewagt haben, obwohl alle in dieser Richtung fühlen und denken. Was in dieser Richtung stattfindet, ist keine Erniedrigung unseres Wesens, sondern eine Erhöhung. Man geht aus so einem Erlebnis nicht mit einem Gefühl der Scham, sondern des Stolzes nach Hause. Man war »angekommen«. Man konnte sich offenbaren, ohne verraten zu werden. In diesem Augenblick war man keine bestimmte Person im Sinne der Gesellschaft mit Namen, Alter und Beruf; die besonderen Prädikate, mit denen man sich sonst gewöhnlich vorzustellen pflegt, waren uninteressant, denn man wollte nichts als dies Eine. Wollen und Handlung fielen in eins zusammen. Man war Leben, Geilheit, Wahrheit.

Es geht ganz an der Sache vorbei, wenn man jetzt die vernünftigen Einwände des Normalbürgers erhebt. Denn in diesem Sinne war man auf jeden Fall unvernünftig. Das hat ja dieses Erlebnis ausgezeichnet, daß man es nicht erst an den Fragen der alltäglichen Vernünftigkeit überprüfen mußte; darin lag ja seine befreiende, erlösende Qualität. Die Argumente der Vernunft, die gegen so eine Begegnung vorgebracht werden, gelten natürlich unter den gegebenen Bedingungen der Gesellschaft. Unter diesen Bedingungen würde so eine Begegnung kaum ohne Erniedrigung oder Gewalt ablaufen. Oder wenn doch, dann würde sie nachher um so mehr Konfusion und Verwirrung anrichten. Dies alles ist sicher wahr.

Aber das Beispiel zeigt eben auch, was wir unter den gegebenen Bedingungen versäumen und verpassen. Es wirft ein sehr deutliches Licht auf den ganzen Themenkreis des nichtgelebten Lebens und der ewig nagenden, aber nie erfüllten Sehnsucht. Könnte es nicht möglich sein, Bedingungen zu schaffen, unter denen eine solche Erfahrung für viele möglich wird? Könnte es nicht sein, daß Menschen anfangen, von ihrer Sehnsucht her ihr Leben neu zu durchdenken und danach zu handeln?

Unsere Kultur hat den Eros auf den persönlichen Bereich zweier Menschen festgelegt. Dadurch hat sie tiefere Zonen der sexuellen Magie ausgeklammert. Sie lassen sich aber nicht ausklammern, so wahr wir Menschen sind. Sie leben unterirdisch weiter in heimlichen Phantasien, sie dienen der Werbung als heimliche Verführer, sie rumoren in den Leibern von Huren und von Heiligen, sie füllen die Träume der Literatur, und sie brechen sich immer irgendwo gewaltsam Bahn in sexuellen Exzessen, von denen dann die Presse berichtet. Die Gesellschaft hat die sprengende Macht des Eros in die Bereiche von Pornografie und Kriminalität verwiesen. Heute ist sie im Begriff, an dieser Sünde unterzugehen, denn Menschen können nicht ewig mit einer Maske leben. Zu offensichtlich passen die numinosen Kräfte des Eros nicht mehr hinein ins gesellschaftliche Korsett, zu viele Menschen ertränken ihr heimliches Verlangen in Alkohol, zu viele Menschen, vor allem Frauen, haben angefangen, der sexuellen Scheinmoral den Kampf anzusagen. Die Doppelbödigkeit der Sexualität, deren einer Teil sozial anerkannt ist und deren anderer Teil verdrängt wird, ist ein Grund für das Desaster, in dem sich die Menschheit seit langem befindet. Da helfen nicht Therapie und nicht Religion, nicht Rohkost und nicht Fitness, da helfen nur konkrete neue Weichenstellungen für die Befreiung des Eros.

Verlangen nach Hingabe, aber ohne Verachtung

Das Verlangen nach Hingabe ist ein Kernstück weiblicher Sexualität (und existiert als solches wie alles Weibliche zu geringeren Teilen auch beim Mann). Für eine Frau ist Liebe und der Wunsch nach Hingabe fast identisch. Es ist die Liebe, die der Sinnlichkeit Flügel verleiht. Wo sexuelle Hingabe in einer Atmosphäre der Liebe und des Vertrauens stattfinden kann, da ist der Himmel auf Erden.

Das Verlangen nach Hingabe richtet sich aber keineswegs nur auf den liebenden Partner, denn es ist ein Urverlangen des Leibes und der Seele und gehört zur Grundausstattung der menschlichen (vor allem weiblichen) Natur. Das Verlangen nach sexueller Hingabe richtet sich im Grunde auf den Mann überhaupt und wird – verborgen oder offen – immer dann geweckt, wenn eine entsprechende Situation sich dafür anbietet. Dieses Verlangen tritt in den verschiedensten Formen und Phantasien auf und steht meist in einem verblüffenden Gegensatz zu dem, was Sitte und Moral einer anständigen Frau vorschreiben. Wenn der junge Werther gewußt hätte, was auch in seiner Lotte so vorgeht, wenn sie es ihm irgendwie hätte zeigen und er es ihr irgendwie hätte geben können – die Geschichte wäre sicher anders ausgegangen. Das weibliche Verlangen (wie auch das entsprechende männliche) kollidiert so sehr mit den gesellschaftlichen Vorurteilen und auch mit der eigenen Scham der Frau, daß es meistens nicht gezeigt wird. Wie sollte man es auch zeigen in einer Welt, wo weibliche Zeichen, die in dieser Richtung gegeben werden, sofort in der gemeinsten Art mißverstanden werden können. Die Frau will nichts mehr und nichts totaler, als sich hinzugeben, aber an wen? Und welche Zeichen muß der Mann geben, damit sie darauf vertrauen kann, daß er ihre sexuelle Offenbarung, die in jeder vollen Hingabe liegt, nicht mißbraucht? Es stecken in diesem weiblichen Verlangen so tiefe Elemente des Objekt-Sein-Wollens bis zum Wunsch nach momentaner Unterwer-

fung, daß man sofort das ganze Thema des frauenverachten-
den Chauvinismus und des feministischen Gegenkampfes auf
den Plan ruft, wenn man darüber spricht. Aber wir müssen –
im Namen der erkennenden Liebe – die Sexualität so nehmen,
wie sie ist, und nicht so, wie sie unsere Sittenwächter gerne
hätten. Und so ist sie nun einmal, gottseidank. Die Frau will
tatsächlich »genommen« werden, und zwar so weich und so
fest, daß der Kontakt bestehen bleibt; dann kann sie sich
hingeben. Die Vorstellungen, die sie selbst für dieses Stück
Sehnsucht in sich trägt, sind oft wesentlich rüder und »ordi-
närer«, als es dem gebildeten Geschmack entspricht, aber
entsprechend sind sie auch wahrer. Ich zitiere aus einem
Artikel von Beatrice Bartl (Mitautorin des Buches »Rettet den
Sex – ein Manifest von Frauen für eine neuen sexuellen Humanismus«). Der Artikel trägt die Überschrift: »Das Stück
Fleisch«. Ich bitte die Leserinnen und Leser, nicht zu schnell
zu urteilen. Sie schreibt:

> *»Der kurze Moment in der Begegnung, wo ich ganz nur*
> *ein Stück bin... oder eine Frau auf dem Steinboden des*
> *Schmieds, der das Stück einfach fickt, einfach fickt. In*
> *dem Moment steht der Mann außerhalb der Geschichte.*
> *Das ist für mich die Quelle... Da wird die Frau getroffen,*
> *einfach die Frau getroffen, anerkannt als Frau. Und sie*
> *wünscht sich, daß er das begreift und nicht verrät.«*

Und sie wünscht sich, daß er das begreift und nicht ver-
rät... und daß er es auch nicht sadistisch mißbraucht. Hier
liegt kein Aufruf zu männlichem Sadismus, sondern die tiefste
Bitte um Kooperation und Fairneß. In der gewünschten Re-
duktion auf das »Stück Fleisch« steckt kein Verlangen nach
masochistischem Leiden, sondern das Verlangen nach einer
gänzlich unpersönlichen, transpersonalen, totalen Hingabe
und Öffnung. Es handelt sich hier um ein Stück jener wilden
und archaischen Sexualität, die sich niemals einbinden läßt in
Beziehungen und Programme. Sie liegt auf dem Grunde unserer Seele wie ein kauerndes Tier, das sich lange, sehr lange
totstellen mußte – und das sich heute wieder zu erheben

beginnt, wenn es merkt, daß der alte Prügelschlag nicht mehr erfolgt. Ich spreche hier in den harten Bildern, die infolge der geschichtlichen Verfolgungen der Sexualität tatsächlich in unserem Unterbewußtsein gespeichert sind. Wir müssen diese Grenzbereiche, wo die höchste Wollust sich berührt mit masochistischen oder sadistischen Tendenzen, unbedingt in unsere bewußte Sexualität integrieren, damit es nicht bei der alten Spaltung und Schizophrenie bleibt.

Der zitierte Text ist harter Tobak, aber er ist – einen sensiblen und liebenden Schmied vorausgesetzt – fast wie eine Verheißung, jedenfalls ein gutes und geiles Stück Wahrheit. Ich könnte härtere Passagen bringen aus Texten von Sina-Aline Geißler, Lee Voosen, Heide-Marie Emmermann und vielen anderen. Das ist eine neue Frauensprache, die ernst gemeint ist. Hier wird etwas gesagt über einen (nicht den einzigen) Aspekt weiblicher Sexualität. Hier wird im Mann etwas angesprochen, das er, weil auch er das Weibliche in sich trägt, bestens versteht, das er aber unter den bisherigen Bedingungen nur als frauenverachtender Chauvi, als Gewaltverbrecher oder überhaupt nicht parieren und annehmen konnte. Die Frau hat, neben aller Wärme und pflegenden Kraft, eine so elementare Sexualität, daß wir domestizierten Männer davor erbeben würden, wenn wir ihr im ganzen Ausmaß begegneten. Erst wenn in dieser Situation ein angstfreier Kontakt da ist zwischen ihr und ihm, kann dieses größte Verlangen ohne Reue in Erfüllung gehen.

Wenn die Frau von Hingabe spricht, dann meint sie auch diese Art von Entpersönlichung, die im obigen Textausschnitt angedeutet ist. Diese Entpersönlichung hat nichts zu tun mit Erniedrigung, sondern mit einer archetypischen »Materialisierung« des weiblichen Leibes. Sie will in diesem Augenblick tatsächlich das Lustobjekt für den Mann sein (aber immer unter der Voraussetzung, daß er darauf nicht mit Verurteilung und Verachtung reagiert). So schreibt denn Lee Voosen: »Laß mich dein Material sein!« Eine gewisse Art von Erniedrigung und von scheinbarer Gewalt liegt tatsächlich in diesem weiblichen Verlangen. Aber es ist keine Gewalt, die weh tut und tatsächlich verletzt; und es ist keine Erniedrigung gegenüber dem sich dadurch erhöhenden Mann. Es ist seltsam, wie sehr noch in den Herren– und Sklaven-Spielen des sexuellen Gewerbes das Spiel dann seine Kraft und seinen eigentlichen Sinn erhält, wenn beide Partner dabei auf derselben Ebene bleiben, ohne sich tatsächlich einander zu unterwerfen oder sich übereinander zu erhöhen. »Erniedrigung« im sexuellen Sinne der Frau heißt nichts anderes, als ganz Leib sein, ganz als Leib genommen und ganz als Leib genossen werden. Darin liegt manchmal mehr Heilung als in einer Liebesromanze. Es ist die große Befreiung von der Psyche und von der Schnulze. Eine Frau, die von einem wissenden und sensiblen Mann so genommen wird, wird immer schön dabei. Liz Taylor ist jetzt mit ihren 58 Jahren wieder schön und gesund geworden, weil ihr Trucker sie so zu nehmen versteht und sie ihm trotzdem voll vertrauen kann. Ich weiß nicht, wie Alice Schwarzer über die sogenannte »Penetration« gedacht hätte, wenn sie dieses Vertrauen dabei erlebt hätte.

Weibliche Sexualität besteht natürlich nicht nur aus Hingabe. Das sexuelle Spektrum der Frau enthält – mit anderer Gewichtung – so ziemlich dieselben Varianten wie das des Mannes. Auch die Frau kann, wenn sie ganz Weib ist, ungeheuer eroberungslustig und aktiv werden. Auch eine Frau kann es in vollen Zügen genießen, einen Mann sexuell zu bearbeiten, bis er »kommt«. Es sollen hier keinerlei Wertungen getroffen werden. Aber dieses Kapitel des Buches steht unter dem Thema der Hingabe. Hier liegt wohl doch der tiefere weibliche Kern in der sexuellen Polarität, entsprechend meistens auch die tiefere Sehnsucht und die tiefere Scham. Es ist herrlich, wenn eine Frau zu einem Mann sagt: »Ich will dich haben«. Aber will sie ihn manchmal nicht einfach haben, um ihm für einen Kontakt lang »gehören« zu können? Sie hat ihn ja auch dann, aber auf andere Weise.

Das weibliche Verlangen, welches in dieser Weise einmal geweckt worden ist, führt oft zur Hörigkeit. Der Mann, der in der Lage war, es zu wecken und zu befriedigen, braucht darüber hinaus keine besonderen ästhetischen oder moralischen Qualitäten zu besitzen. Das weibliche Verlangen ist so groß, daß es manche Grobheiten und Gemeinheiten dafür in Kauf nimmt oder sie sogar wünscht. Hier ist die Gefahr für die Frau und die Gefahr für diese Art der weiblichen Sexualität. Denn welcher Mann in unserer Zeit ist denn in der Lage, das weibliche Verlangen ohne Gemeinheit und Verachtung zu stillen? Es gibt tatsächlich unter den bis jetzt geschaffenen gesellschaftlichen und geistigen Strukturen kaum eine Möglichkeit für die Frau, ihr anonymes Verlangen zu zeigen und auf eine klare, anständige Art erfüllt zu kriegen. Dies ist ja der Grund, warum sich Frauen nach einiger Zeit meistens vom Sex zurückziehen. Was aber bleibt, ist ein unbewußtes Ressentiment und fast eine unbewußte Rache am Mann dafür, daß er nicht in der Lage war, sie anständig zu begatten. Es gibt da verschiedene Formen solcher latenter Rache, zum Beispiel die Form der mütterlichen Gouvernante, die sich am Mann durch ein Übermaß von Güte und Pflege rächt. In einer Welt, wo die weibliche Sexualität vom Mann entweder gar nicht oder nur roh befriedigt werden konnte, war jeder Leib einer Vollblutfrau irgendwo auch ein echtes System der Verzweiflung.

Diese Verzweiflung existiert übrigens auf beiden Seiten. Sina-Aline Geißler schreibt:

»Ich wollte kämpfen, um besiegt zu werden ... ich war eine Powerfrau und sehnte mich danach, gezähmt zu werden. Ich verachtete alle diese Männer, die vor Bewunderung und Unsicherheit rot wurden in meiner Gegenwart, gar zu stottern anfingen... Die Männer fielen in die große Bewunderung, fühlten sich bald minderwertig, bekamen Komplexe, und ich mußte am Ende noch in die Mutterrolle schlüpfen, sie wieder aufbauen und trösten, also völlig gegen meine eigentliche Neigung...«

Und die Männer, die so einer Frau begegnen, kriegen erst recht einen Schreck. Sie täten es ja gern, aber sie können es nicht. Da soll niemand urteilen. Das sind nicht einfach Schlappschwänze. Da ist vielmehr eine Geschichte des Schmerzes und der Angst, eine Geschichte von Mißverständnis und gegenseitiger Verletzung gelaufen, daß wir heute nicht so einfach über unseren Schatten springen können. Auf beiden Seiten muß das Verlangen mit einem neuen Wissen und einer neuen Verständigungsmöglichkeit verbunden werden. Sonst geht es so weiter wie immer: Auf ein gelungenes Erlebnis kommen hundert frustrierende Geschichten. Das Peinliche für die Männer ist ja nicht nur, daß sie ihre schweinischen oder raubtierhaften Energien nicht mehr haben dürfen, sondern daß sie, wenn sie so handeln dürften, es gar nicht mehr richtig könnten.

Unter den gegebenen gesellschaftlichen Bedingungen wird die Frau meistens auf ihre eigene Scham zurückgeworfen. Sie denkt, es muß wohl doch etwas Anormales oder Perverses an ihr sein, wenn sie sich diese Art von reinem Sex so begehrlich und immer wieder herbeiwünscht. Das verborgene Elend auf beiden Seiten wird erst aufhören, wenn die Frau ihr Verlangen nach Hingabe zeigen kann, ohne die Verachtung des Mannes befürchten zu müssen, und wenn der Mann in der Lage ist, diesem weiblichen Verlangen entgegenzukommen, ohne eigene Angst und ohne gemeine Gedanken. Ich denke, man sollte dafür neue Plätze der sexuellen Begegnung schaffen, wie ich es am Ende des Buches vorschlage.

Die gesunde Nymphomanie und der Hunger unserer Zellen

Jesus hat die Wirklichkeit des heiligen Geistes erfahren. Er blieb sein Leben lang »besessen« von dieser Erfahrung. War er deshalb »abartig veranlagt«? Van Gogh hat die Sonne entdeckt. Er war sein Leben lang »besessen« von Licht und Farbe. War er deshalb abartig? Es gibt Menschen, welche den Sex entdeckt haben (auch dies kann eine Entdeckung sein). Sie sind »besessen« vom Sex. Sind sie deshalb abartig? Wenn es sich dabei um Männer handelt, wird die Sache mehr oder weniger toleriert. Wenn es sich aber um Frauen handelt, spricht man von »Nymphomanie«.

Nymphomanie ist der Durchbruch der weiblichen Sexualität durch alle Absperrungen der Moral und Verstellung. Das Leiden an der Nymphomanie kommt daher, daß es unter den gegebenen gesellschaftlichen Bedingungen für diesen Durchbruch keine Erfüllung gibt. Man kommt sich als Frau unter solchen Umständen sehr merkwürdig vor, zumal die meisten anderen Frauen ja offensichtlich nicht von diesem Trieb befallen sind. Man fängt an, sich tatsächlich für abartig zu halten. »Abartigkeit« aber ist hier lediglich ein statistischer Begriff, es bedeutet, daß man im sexuellen Denken und Verlangen mit der Mehrzahl der Zeitgenossen nicht übereinstimmt. Es hat darüber hinaus keine pathologische Bedeutung. Die Frage, wer denn eigentlich im pathologischen Sinne abartiger ist, die Mehrheit oder die Minderheit, wollen wir hier außer acht lassen.

Es gibt bei der Nymphomanie ein Problem, das wir sehen müssen, um sinnvoll damit umzugehen. Manchmal ist das gestaute Bedürfnis so übermächtig, daß kein sinnvoller Kontakt mehr hergestellt werden kann. Wenn dann die Bedürftigkeit noch mit Forderungen verbunden ist, hat der Mann kaum eine Möglichkeit, auf eine gute, geile Art dem weiblichen

Verlangen entgegenzukommen. Das gilt ja eigentlich nicht nur für die Nymphomanie, sondern es gilt immer dort, wo ein bestimmtes Bedürfnis in uns so sehr überhand genommen hat, daß wir an nichts anderes mehr denken können. Je mehr wir auf dieses Bedürfnis fixiert sind, um so weniger wird es vom Leben erfüllt. Das gilt für die, die allzu heftig auf der sexuellen Suche sind, es gilt auch für die, die allzu heftig nach einem Partner fürs Leben suchen, und es gilt auch für die, die allzu heftig nach der religiösen Wahrheit suchen. Man vertreibt die Erfüllung, wenn die Suche zu einseitig und zu heftig erfolgt. Es kann dann tatsächlich zu einem Teufelskreis von Frustration und innerer Raserei kommen, der pathologische Züge annimmt. Jeder kennt solche Qualen vorübergehend von sich selbst. Hier muß erst einmal eine gewisse Ruhe eintreten, welche den Überhunger auf anderem Wege stillt oder mildert. Man braucht auch hier einen inneren Montagepunkt außerhalb der Bedürftigkeit, um dann von einer günstigeren Position aus die Sache von Neuem zu probieren.

Es dauert oft ziemlich lange im Leben eines Menschen, bis die sexuelle Energie aus einem unterirdischen Rumoren der Zellen durch alle inneren Labyrinthe hindurch ans Tageslicht gelangt und dort als reine, unverstellte Naturkraft in Erscheinung tritt. Ist dieser Vorgang aber einmal eingetreten, sind die inneren Krusten und Sperren einmal ganz durchbrochen, dann gleicht die sexuelle Energie der eines Vulkanausbruchs. Der gesamte Organismus stellt sich in kürzester Zeit um und fokussiert sich ganz auf diesen Brennpunkt. Es ist, als würde mit einem Mal der Hunger von Jahren und Jahrzehnten geweckt. Der leibseelische Organismus hat einen Nachholbedarf ohne Grenzen. Daß er dabei vorübergehend aus der Balance kommt, ist nur natürlich. Niemand, der so von den Urkräften des Lebens ergriffen wird, kann in seiner gewohnten Balance bleiben. Insofern braucht eine Frau, die sich in dieser Lage befindet, menschliche Unterstützung. Die erhält sie aber nicht durch scheinheilige Belehrungen, sondern durch die Möglichkeit zu angst- und schamfreien sexuellen

Kontakten. Gäbe es nur genügend Männer, die dieses Angebot auf eine gute Art annehmen könnten!

Die Nymphomanie ist keine sexuelle Perversion, sie ist im Prinzip die Aufhebung aller Perversionen, denn sie bringt die sexuelle Energie in ihrer reinen, unverstellten Form ans Licht der Welt. Wüßten die Menschen mehr von diesem Vorgang, wüßten sie vor allem mehr von sich selbst, dann wüßten sie auch, daß mit ihnen auf einer anderen Stufe ihres Lebens dasselbe geschehen könnte. Gäbe es für die sexuelle Energie eine freie, unverbaute Entwicklungsmöglichkeit für alle, so würden alle früher oder später dieses Stadium des unendlichen sexuellen Hungers durchlaufen – und durchleiden, falls wir bis dahin nicht bessere Möglichkeiten der Erfüllung aufgebaut haben. Wenn Millionen von Menschen sich im Konflikt zwischen Verlangen und Scham für das Verlangen entscheiden könnten, dann sähen die Mehrheitsverhältnisse bald anders aus, die »Nymphomaninnen« wären sicher nicht mehr in der Minderheit.

Es gibt für eine Frau viele Gründe, sich im Widerstreit von Verlangen und Scham für die Scham zu entscheiden, denn sie fühlt ja instinktiv, daß der Hunger, der da in ihrem Verlangen steckt, nicht so leicht gestillt werden kann. Wer kann schon einen weiblichen Hunger stillen? Diese Frage ist ernst gemeint und keinesfalls im Sinne irgendeiner Frauenverachtung. Die Priester und Schriftgelehrten unserer Kultur haben das Weib immer als »das Böse« empfunden, nämlich als die Vertreterin des Fleisches, der Begierde und der Verführung. Mit entsprechenden Mitteln sind sie dann – nicht nur in den Hexenverfolgungen des Mittelalters – gegen sie vorgegangen. Sie haben instinktiv die Übermacht der weiblichen Sexualität gewittert und gefürchtet.

Es wird noch lange dauern, bis sich das weibliche Geschlecht von diesen Verfolgungen, denen es die ganze Geschichte hindurch unterworfen war, erholen kann. Die »Erinnerungen« sind eingekerbt in den tiefsten Schichten der Seele. Wenn sich heute eine Frau auf die Seite ihres sexuellen Verlangens stellt, weil sie nicht mehr anders kann, dann ist sie unbewußt mit der Sexualverfolgung der ganzen patriarchalen Geschichte konfrontiert. Wenn sie dann die Flucht nach vorne ergreift, indem sie selbst ihren Trieb als »abartig« bezeichnet und vielleicht in ärztliche Behandlung geht, dann ist das meistens wie eine unbewußte Bitte um Absolution und Vergebung. So hat sie zwar nicht ihr Verlangen, aber doch ihr Gewissen beruhigt.

Die »Nymphomanin« hat das Pech, in einer falschen Zeit zu leben. Was ihr wie eine himmelweite Kluft zwischen ihrem eigenen Empfinden und dem der »normalen« Frauen erscheint, ist in Wirklichkeit kein Unterschied der inneren Struktur, sondern lediglich ein Unterschied in dem Grad der sexuellen Manifestation. Bei ihr »zeigt es sich eben deutlicher«. Aber das, was sich bei ihr zeigt, existiert strukturell in den meisten anderen auch, denn die sexuelle Energie ist überall vorhanden, wo Menschen sind. Man erfinde eine Infrarotkamera, die in der Lage ist, die heimlichen Gedanken und Phantasien der Menschen aufzunehmen, zum Beispiel beim Bummel durch die Stadt, beim Gang durch den Supermarkt, in der Pause eines Theaters, bei der Frankfurter Buchmesse usw. Wenn wir sehen könnten, was da überall an allen Ecken und Enden aufblitzt an sexuellen Gedanken, meist nur für Sekunden, bis es sogleich wieder verdrängt wird – wir befänden uns in einem Inferno der Sexualität, das unsere kühnsten Vorstellungen weit übersteigt. Wie sollen wir dieses Phänomen nennen, verdrängte Nymphomanie? Es ist noch weit mehr. Die Welt des Menschen ist so anders, als sie scheint, daß man sich wünscht, der ganze Zirkus möge in einem halkyonischen Gelächter aufgehen.

Die sogenannte Nymphomanin gehört zu der seltenen Erscheinung von Frau, die auf ihr eigenes Verlangen nicht mehr mit dem großen weiblichen Nein reagieren kann. Sie hat aber aufgrund ihres Überdrucks und der ungünstigen gesellschaftlichen Voraussetzungen auch noch kein eigenes, souveränes, ruhiges Ja gefunden. Sie ist damit symptomatisch für uns alle, nur hat sie's ein bißchen stärker »erwischt«. Ich wünsche ihr auf jeden Fall sexuelle Erfüllung und möchte mithelfen, Gelegenheiten zu schaffen, wo dies leichter möglich wird.

Der Zwang zur Dauerlüge

Wenn alle Chirurgen, alle Psychoanalytiker, alle Ärzte von ihrer Tätigkeit weggeholt werden könnten und sich für eine Weile im Amphitheater in Epidauros versammelten, wenn sie in Ruhe und Frieden die dringenden Bedürfnisse der Menschheit eingehend erörtern könnten, würde die Antwort sehr rasch erfolgen, sie würde einstimmig lauten: REVOLUTION – eine Weltrevolution von oben bis unten, in allen Ländern, allen Klassen, in jeder Schicht des Bewußtseins.
(aus: Der Koloß von Maroussi von Henry Miller)

Nirgends werden wir von klein auf so zur Lüge gezwungen wie in der Sexualität. Nirgends hat sich die Unwahrheit so tief in uns eingefleischt und ist uns so sehr zur zweiten Natur geworden wie im sexuellen Bereich. Nirgends läßt sie sich deshalb schwerer überwinden. Es ist, als würden alle mitmachen in einem heimlichen Komplott gegen die Wahrheit. Wenn dann doch mal jemand aus dem Rahmen fällt, dann haben die übrigen ihr Opfer, das sie offensichtlich brauchen, um sich selbst geschützt und gesichert zu fühlen in ihrer perversen Moral. Es ist wie eh und je. Ich lese gerade in der Zeitschrift Quick einen Artikel über Lehrerinnen, die angeblich ihre Schüler sexuell mißbrauchen. Die Lehrerinnen sind im schönen Alter zwischen 28 und 45, die Schüler im ebenso schönen zwischen 13 und 17. Auf beiden Seiten ein schönes spannendes Alter. Welcher Junge würde nicht gern, wenn er dürfte und wenn er sich trauen würde, mit seiner Lehrerin…, was könnte es für ihn Spannenderes und Tolleres geben als das. Und nehmen wir einmal an, die Lehrerin würde in einer sinnvollen Art darauf eingehen, weil sie ja selbst Lust verspürt, und sie würde ihre Sache gut und gewissenhaft tun: Was könnte einem angehenden Jungen Besseres geschehen, als so in die Sexualität eingeweiht zu werden? Wenn über so eine erregende Begegnung nicht in Form von Zoten und Andeutungen, sondern offen und wahrheitsgemäß gesprochen werden könnte, wieviel Irrweg und Leid könnten dem Jungen in seiner weiteren sexuellen Entwicklung erspart bleiben!

Und umgekehrt: Welche Lehrerin würde nicht gern, wenn sie dürfte und sich trauen würde, mit einem ihrer Schüler...? Sie wäre kein Weib, und sie hätte kein warmes Blut in ihren Adern, wenn ihr nicht irgendwann wenigstens der Gedanke käme. Man stelle sich nur vor, solche Gedanken müßten nicht gleich wieder verdrängt werden, sondern man könnte ihnen in Ruhe nachsinnen. Man stelle sich vor, sie könnten unter Freundinnen besprochen werden, weil sie ohnehin als selbstverständlich gelten. Man stelle sich vor, eine solche Lehrerin würde mit wachsender Freude diese Möglichkeit ins Auge fassen, was wäre falsch daran? Sie würde klar und eindeutig entdecken, daß sie »steht« auf diese jungen Kerle, die noch nie eine Frau berührt haben. Jede Frau liebt so etwas. Die erste zu sein für ihn, seine lüsterne Unschuld, seine Erregung und Ungeschicklichkeit und dann doch schon so mächtig, um von ihm begattet zu werden. Es ist doch klar, daß das schön ist. Was ist schlecht daran?

Schlimm ist nicht die Tat, schlimm sind die gesellschaftlichen Verhältnisse, unter denen sie stattfindet. Und die geben dann meist auch der Tat etwas Erniedrigendes, wo dann z.B. einer von beiden nach einiger Zeit den anderen zu erpressen anfängt oder ähnliches. Das Schlimme kommt dadurch zustande, daß die Tat nicht in Freiheit und Anstand durchgeführt werden kann, weil eine übergeile und stockverlogene Umwelt mit Stielaugen auf alles guckt, was in ihre pornografischen Phantasien paßt. Die Angst vor Entdeckung ist schließlich stärker als die Freundschaft, die daraus hätte entstehen können. Und wenn es dann doch herauskam, dann mußten sich die beiden Betroffenen gegenseitig die Schuld zuschieben, weil sie sonst keine Möglichkeit gesehen hätten, irgendwie sinnvoll weiterzuleben. Unter solchen Umständen entsteht Haß, wo Liebe möglich gewesen wäre.

Es ist eine Tragik ohne Ende. So oder ähnlich verlaufen viele sexuellen Erfahrungen, die außerhalb der sogenannten »Normalität« liegen. Was unter diesen Bedingungen – ins Große gerechnet – immer auf der Strecke bleibt, ist die Liebe und die Wahrheit. Die Menschen, die ihre gesellschaftlichen Rollen ausfüllen müssen, weil sie meistens keine andere Möglichkeit haben, sind gezwungen zur Lüge – und sie müssen sicher sein, daß keiner die Lüge merkt. Sie sind also zu einem perversen Doppelleben gezwungen. Hier die wirklichen Gedanken, Sehnsüchte, Wünsche und gelegentlich auch Taten – da der Saubermann mit seinem gesunden Menschenverstand, seiner öffentlichen Meinung, seinem erhobenen Zeigefinger, seiner moralischen Strenge und seiner unbefleckten Weste. Diese Spaltung des eigenen Lebens in die Vorzeigeseite und die versteckte Seite gilt durchweg für alle Klassen, alle Berufe, alle Bildungsstufen. Doppelmoral und falsches Spiel gehören zu den Grundlagen unserer Kultur. Je sittenstrenger jemand auftritt, etwa als Richter, als Pfarrer oder als Lehrer, um so verwahrloster ist er oft in seinem Inneren. Talar und Amtswürde schützen ihn vor Entlarvung. Jeder Jugendliche soll sich darüber klar werden, daß die moralischen Autoritäten, die ihm da gegenüber treten, in Wahrheit meistens schlimmer sind als er selbst. Denn zu so viel Verstellung ist man mit fünfzehn noch gar nicht imstande.

Es ist oft genug gesagt worden, aber vielleicht muß man es nochmal sagen: Am eigentlichen Grund von so ungeheuer vielen Verzweiflungstaten und Gemeinheiten liegt die falsche Sexualmoral; sie hat das Schlimme nicht verhindert, sondern erzeugt, sie hat die Welt nicht humanisiert, sondern terrorisiert; sie hat die Leiber nicht mit Liebe gefüllt, sondern mit Angst oder Haß; sie hat den Unglücklichen nicht geholfen, sondern hat sie verdammt; sie ist mit Feuer und Schwert, mit Inquisition und Verleumdung gegen die Liebenden aller Zeiten vorgegangen, hat gedroht, geschändet, gepfählt, gedemütigt und ausgerottet, um die Welt von der Liebe zu befreien, hat Kirchen und Würdenträger hervorgebracht, um die Lüge zu heiligen, und hat schließlich Krankenhäuser errichtet, um die psychosomatischen Folgen ihrer Zerstörungstaten medizinisch behandeln zu lassen.

Moral und Lüge stehen bislang in engster Verbindung, sie sind Geschwister seit Jahrhunderten, und sie sind es so selbstverständlich, daß sich kaum noch jemand darum kümmert. Wer den Zusammenhang durchschaut, flüchtet sich meistens in einen amoralischen Zynismus oder in resignierendes Schweigen. Die aktiv Liebenden aber sind zu beidem nicht bereit. Ihre Liebe hat nur eine Chance auf Dauer, wenn sie ihr Leben dafür einsetzen, den faulen Zauber zu beenden.

Es hat heute keinen Sinn mehr, das zu sagen, was gerade »in« ist. Zu absurd und zu lächerlich sind die Parolen vom freien (westlichen) Leben, solange an dieser »Freiheit« dermaßen viele Menschen seelisch zugrundegehen, indem sie zum Beispiel hoffnungslos vereinsamen. Zu viel Zeit haben wir schon damit vertan, uns diesem allgemeinen Zirkus anzupassen, zu viel Wahrheit und zu viel Liebesfähigkeit ist dabei unwiderruflich auf der Strecke geblieben. Jetzt kommt es für alle Fragenden, Suchenden und Liebenden darauf an, den eigenen Gedanken wieder zu vertrauen und zu sehen, was für sie wirklich wahr ist – und es auch gelegentlich wieder zu sagen, denn was für einen selbst wahr ist, das ist sehr oft auch für andere wahr. Wahr ist für jeden, daß er sich eine andere sexuelle Erfüllung wünscht. Wenn wir einmal in der Lage sind, uns darüber wahrheitsgemäß zu verständigen und entsprechend zu handeln, dann wird der Eros die Keimkraft haben, welche Asphaltdecken sprengt. Es liegt in unserer Hand.

Falsche Moral und echte Sittlichkeit

Wenn in diesem Buch von falscher Moral die Rede ist, so heißt das nicht, daß Moral schlechthin etwas Falsches sei. Man soll jetzt nicht gewaltsam versuchen, ein amoralisches Leben zu führen, das wäre ja nur die Kehrseite der Medaille. Das Gewissen, ich meine das echte, ist eine der edelsten und höchsten Einrichtungen im menschlichen Geist und sollte unter allen Umständen wiederentdeckt, gepflegt und befolgt werden. Aber dieses Gewissen spricht eine ganz andere Sprache als die herkömmliche Moral. Moral im alten Sinne ist Angst vor Strafe; wirkliche Sittlichkeit, die aus menschlichem Gewissen kommt, ist Verantwortung, Teilnahme und Unterstützung des positiven Lebens und aller seiner Keimkräfte, Wachstumskräfte, Liebeskräfte. Die alte Moral nährt sich aus der Angst; authentische Sittlichkeit nährt sich aus Wahrheit und Vertrauen und erzeugt diese durch sich selbst. Nur wo Wahrheit und Vertrauen ist, kann der Mensch die alte Moral der Angst überwinden und jene tiefere Liebe erfahren, die ihn zu einem teilnehmenden und sittlichen Wesen macht. Die Unsittlichkeit der herkömmlichen Kultur kann nur dort überwunden werden, wo Menschen anfangen, untereinander ein anderes Leben zu führen. Da geht es auch um die Wahrheit in der Liebe, die unter den herkömmlichen Bedingungen von Zweierbeziehung, Ehe und Eifersucht nicht so leicht herzustellen ist. Kein Mensch kann einem anderen dreißig Jahre lang im alten Sinne treu bleiben, ohne ihn wenigstens im Geiste zu »betrügen«. Wahrheit in der Liebe, Sittlichkeit in der Sexualität, dauerhafte Teilnahme am anderen sind nur möglich, wenn für das Zusammenleben der Geschlechter offenere, freiere, aber trotzdem nicht weniger verbindliche Formen gefunden werden.

Die Moral im bisherigen Sinn ist die offizielle Form der bestehenden Unmoral, denn hinter ihr muß immer etwas verborgen, verdreht und umgelogen werden. Die bisherige

Sexualmoral ist eine Quelle aller unmoralischen Dinge. Weil sie die Entwicklung einer natürlichen Sinnlichkeit und Daseinsfreude verhindert hat, hat sie auch die Entstehung einer natürlichen Sittlichkeit blockiert. Nicht die sogenannte sexuelle Sünde ist unsittlich, sondern unsittlich sind diejenigen, die sie als Sünde bezeichnet haben. Nicht der sogenannte Sündenfall im Alten Testament ist schlimm, sondern schlimm waren diejenigen, die ihn zum Sündenfall erklärt haben. Nicht der Ehebruch ist unsittlich, sondern das siebte Gebot, das ihn verbietet. Nicht das sündige Fleisch ist schwach, sondern der Geist, dem durch Kirche und falsche Propheten der Mut zur Wahrheit genommen wurde. Wenn es irgendwie eine absolute Notwendigkeit gibt für Nietzsches Umwertung aller Werte, dann hier. Aber nicht einfach in einem Sinne der bloßen Negation und Umdrehung. Die neuen Werte entstehen nicht durch die Umkehrung der alten, sie entstehen überhaupt nicht aus den alten, sondern sie entstehen aus einer neuen, festen und dauerhaften Erfahrung der Liebe, der Wahrheit und des Vertrauens.

Die echte Sittlichkeit erwächst aus Liebe und Daseinsfreude. Man ist von Natur aus gut zu dem, was man liebt, man ist behutsam gegenüber dem Zarten und Keimenden, man pflegt das Schöne. Man empfindet mit den Leidenden, man hat Mitleid ohne falsche Sentimentalität. Mitleiden ist in unserer Welt des Leides eine Hauptempfindung des sittlichen Menschen. Hier stehen wir ganz woanders als Nietzsche, der das Mitleid als Schwäche ansah. Er hat wie so viele heldischen Männer einfach versucht, sein weiches Herz durch hartes Geistestraining zu überwinden. Bis er dann schließlich selbst überwunden wurde, nämlich an jenem Morgen in Turin (1889), wo er sah, wie ein Pferdeknecht sinnlos auf ein Pferd einschlug. Da lief der Philosoph des Übermenschen zu dem Pferd, umarmte es und brach weinend an seinem Hals zusammen. Wer die Kreatur kennt, wer sie wahrnimmt und versteht, der kennt diese selbstverständliche Art der Mitempfindung, die nichts mit Moral zu tun hat. Fürsorge und Hilfeleistung, die dann von selbst erfolgen aus der Wahrnehmung und dem lebendigen Kontakt heraus, sind dann keine moralischen Pflichten mehr, sondern selbstverständliche Handlungen der natürlichen Sittlichkeit.

Echte Sittlichkeit ist, je reifer sie wird, desto mehr verbunden mit Besinnung und Nachdenken. Nach einiger Zeit wird sie nicht mehr nur positiv reagieren auf das, was man liebt, sondern auch auf Ungeliebtes anders eingehen. Ich möchte hier keine Neuauflage der Bergpredigt bringen und auch nicht die große manichäische Ethik ("Liebt das Böse gut!") hervorholen. Aber mit Sicherheit bewährt sich die echte Sittlichkeit, die ihre Kraft aus Liebe, Vertrauen und Wahrheit hat, auch gegenüber Menschen, die ohne diese Quellen leben und deshalb die schlimmsten Dinge tun. Wir werden sie um so weniger hassen können, je mehr wir mit der sittlichen Quelle der erkennenden Liebe verbunden sind. Wer die Zusammenhänge zwischen zerstörter Kindheit und späterer Gewalt und Lüge gesehen hat, wer die Zusammenhänge versteht, die Alice Miller in ihren Büchern beschreibt, der kann sich nicht mehr einfach seinen Instinkten von Haß und Rache überlassen. Er wird auch nicht einfach seinen Feinden vergeben und für seine bösen Brüder beten, aber er wird sich eine humane, geistige Disziplin auferlegen, die jetzt nicht mehr aus einer aufgesetzten Moral, sondern aus einer eigenen Erkenntnis kommt.

Im Sinne einer authentischen Sittlichkeit und Humanität bezeichnen wir alle diejenigen Dinge als sittlich, welche die elementaren Wachstumskräfte der Wärme, der Liebe und der Verständigung fördern. Sittlich ist die aus dem lebendigen Kontakt erfolgende unsentimentale, aber beherzte Kooperation des Menschen mit der Natur und allen Mitgeschöpfen statt ihrer Beherrschung und Ausbeutung. Ein sittlicher Mensch wird wahrscheinlich keinen Pelzmantel tragen, für deren Herstellung Tiere im Fangeisen oder in einer Pelztierfarm ermordet wurden.

Verschwiegene Sehnsucht und versäumtes Leben

*»Man bereut nicht die Sünden, die man begangen hat;
man weint um die, die man versäumt hat.«*
(Zitat einer alten Dame aus dem Buch »Die verschwiegene Lust«)

Das sexuelle Leben der Menschen spielt sich bis heute viel
mehr in ihren Phantasien ab als in der Realität. Was sind alle
unsere Worte gegenüber dem, was wir verschweigen! Was ist
das Leben, das wir nach außen zeigen, gegenüber dem, was
wir verbergen! Was sind zehn eheliche Beischläfe gegenüber
einer einzigen ehrlichen und saftigen Onaniephantasie! Sind
wir uns klar darüber, daß wir in diesem Kernbereich unseres
Lebens noch nicht an die Öffentlichkeit, noch nicht ans Licht
der Welt, noch nicht in die reale Beziehung zu realen Menschen getreten sind? Sind wir uns klar darüber, daß der ord-
nungsgemäße Sex, den wir miteinander praktizieren, manchmal die Funktion hat, den eigentlichen Sex, der uns verrückt
macht, zu verdrängen? Warum tun wir das?

Wenn wir unsere Eltern gefragt haben, ob sie mit ihrem
Leben zufrieden seien, sagten sie ja, denn sie kannten kein
anderes. Wenn ich eine Ehefrau frage, ob sie mit ihrem Liebesleben zufrieden sei, wird sie ebenfalls ja sagen, denn sie hat
kaum die Möglichkeit, ein anderes zu führen. Es hat keinen
Sinn, solche Fragen zu stellen, solange keine Vergleichsmög-
lichkeiten existieren oder solange es ohnehin keine Möglichkeit der Veränderung gibt. Unter solchen Umständen hat es
oft auch keinen Sinn, über die Wahrheit nachzudenken, denn
sie schmerzt ja nur, solange es keinen Ausweg gibt. Im ersten
Semester meines Psychologiestudiums mußten wir einen der
genialen psychologischen Fragebögen ausfüllen. Eine Frage
darin hieß: Sind Sie mit ihrem Sexualleben zufrieden? Ich
kreuzte »Ja« an, denn ich hatte gar keines. Ich weiß nicht
einmal, ob ich gelogen habe.

Ich weiß nur, daß wir mit unserem Leben nicht zufrieden sind, und ich war immer glücklich, wenn ich irgendwo eine Stimme hörte oder las, die das im Klartext sagte, ohne künstliche Aufschneiderei und ohne das literarische Pathos des Leidens. Es geht ja in diesem wissenschaftlichen Buch nicht um die Inszenierung eines wirkungsvollen Dramas, sondern um die Feststellung dessen, was ist, damit wir eine Bilanz ziehen können, die uns eventuell motiviert, von jetzt an etwas anderes zu tun. Ein gewisses Vorbild an Nüchternheit der Bilanz ist für mich der früh verstorbene Schweizer Lehrer und Schriftsteller Fritz Zorn, der mit 30 Jahren an Krebs erkrankte und in den noch verbleibenden zwei Jahren keine Zeit mehr hatte, sich mit Sentimentalitäten und Halbwahrheiten zu befassen. Er schrieb dann, im Kampf mit dem nahenden Ende, das Buch mit dem Titel »Mars« (siehe Buchhinweise), wo er schonungslos, nüchtern und sehr intelligent das Thema seiner sexuellen Qual darstellte. Heute haben wir ihn nicht mehr, denn er starb nach dem Buch, aber wir haben das Buch. Das sind Dokumente unserer Zeit. Würden wir sie zur Kenntnis nehmen, dann würden wir vielleicht ein bißchen weniger quatschen, ein bißchen mehr Wahrheit erzeugen und ein bißchen klarer in die Welt blicken. Es gibt keinen Grund für Depression oder Verzweiflung, wenn wir uns entschließen, mit dieser Arbeit anzufangen. Verzweifeln tun nur die, die alles verschweigen und mit sich alleine ausmachen müssen. Für einen allein, das habe ich schon beim Thema der Zweierbeziehung gesagt, ist diese Welt zu schwer. – Das Erfrischende und Ermutigende bei Fritz Zorn, trotz seines frühen Krebstodes, ist das positive Nein, das er über sein Leben schreibt. Sicher gibt es auch ein positives Ja, wir haben es gehört bei Nietzsche und auch bei Hermann Hesse, sicher gibt es eine begründete Philosophie des Einverstandenseins, aber ich schlage immer wieder vor, sie für die letzten 10 Lebensjahre aufzuheben und vorher in aller Schönheit und Wahrheit das große Nein zu finden. Was, wenn ich genau hinschaue, war denn so berauschend, daß ich dieses Leben wirklich lieben könnte? Wer oder was war denn wirklich so wichtig für mich, daß ich mich ganz dafür einsetzen wollte? Welche innere, volle und ganze Überzeugung habe ich denn bisher gewinnen können, für die ich ernsthaft bereit wäre, mein ganzes Leben und meine ganze Kraft ohne Wenn und Aber einzusetzen?

Ich hatte früher, wenn ich in vollerblühter Sentimentalität unter vollerblühten Kirschbäumen auf vollerblühten Wiesen stand, seltsame, weit hinziehende, unstillbare Sehnsüchte, Jahr für Jahr. Habe ich sie heute nicht mehr? Ich hatte früher immer Angst, wenn es um ganz spezielle Mädchen ging. Habe ich sie heute nicht mehr? Mit 15 wußte ich noch fast nichts, heute, wo ich fast 50 bin, weiß ich schon manches mehr, aber bin ich deshalb dem schon näher gekommen, was für mich immer Sinn und Ziel des Lebens war? Jede aufgewendete Mühe, jede Härte gegen mich selbst und jede Ungerechtigkeit gegen andere haben eine Falte mehr in mein Gesicht gekerbt, aber bin ich schon sicher, daß sich dieser ganze Kampf gelohnt hat? Ich stehe immer noch auf den Frühlingswiesen mit derselben Sehnsucht, habe immer noch dasselbe kribbelnde Empfinden, wenn ich Frauen sehe, habe immer noch denselben Traum eines Lebens ohne Angst und ohne biedere Kompromisse. Das Leben ist noch lange nicht vorbei, nicht mit 50 und sicher auch noch nicht mit 80, aber eigentlich gelebt war es auch noch nicht. Es war alles in gewisser Weise eine Vorbereitung.

Wenn ich eine Frau wäre, wäre es sicher schwerer gewesen. Ich hätte irgendwann die Perspektive verloren. Ich hätte ab einer bestimmten Gesamtsumme von körperlichen Falten und sonstigen Defekten eine innere Bilanz ziehen müssen mit dem Resultat, daß ich für die sexuelle Verheißung dieses Lebens zu alt, zu mürbe, zu »out« geworden bin. Frauen fangen mit dieser Art des Denkens meistens schon mit 30 an. Schon hier also beginnt die Ahnung oder die Gewißheit des verpaßten Lebens. Man stelle sich das in aller Ruhe vor. Menschen, die eigentlich auf dem Höhepunkt ihrer Möglichkeiten stehen, ahnen bereits, daß sie ihr Leben verfehlt, verpaßt, versäumt haben. Aber sie ahnen es nicht in konstruktiver Weise, die sie zu einer positiven Korrektur bewegen würde, sondern sie ahnen es defätistisch und resignierend, weil sie keine anderen Möglichkeiten sehen. Von diesem Punkt an versuchen sie noch ein paar Comebacks, dann greifen sie zu anderen Mitteln, um die kommenden Jahrzehnte noch einigermaßen zu überstehen. Maria Schell war eine bezaubernde Schauspielerin, sicher auch eine bezaubernde Frau. Aber instinktiv wußte sie genau, daß das Leben auf der Bühne nicht alles sein kann. Auch sie scheiterte schließlich an der Einsamkeit des nichtgelebten Lebens. Vielleicht findet sie noch jemandem, mit dem sie neu anfangen kann.

Glanz und Gloria dieses Lebens erweisen sich hinterher gern als Flop. Vom Ruhm, den wir irgendwo vielleicht erringen, bleibt meistens nicht viel übrig. Was wird mit Boxweltmeister Tyson, wenn er sein Geld verpraßt hat? Was ist aus Tennismeister Björn Borg geworden, nachdem seine Tenniszeit vorbei war? Wie lange wollen wir uns noch täuschen lassen durch vorübergehende Erfolgswellen und dabei die eigentlichen Themen verdrängen? Ich habe mich immer über Boris Becker gefreut. Er war trotz aller gesellschaftlichen Verführungen in der Lage, die Themen des Lebens höher zu stellen als die Punkte beim Tennis. Er wird später nicht am Abgrund des Lebens stehen, wenn er die Bälle nicht mehr richtig übers Netz bringt. Er wird, unterstützt von denen, die ihn schon lange lieben, dann in irgendeiner guten Weise am Leben arbeiten und sich nicht so leicht korrumpieren lassen durch Werbeangebote von adidas (die übrigens heute schon ausbleiben, weil sie gemerkt haben, daß hier ein Mensch spielt und keine Puppe).

Ich habe ein bißchen ausgeholt, um nicht immer gleich über den Sex zu sprechen. Aber letzlich besteht das nichtgelebte Leben immer aus nichtgelebter Liebe und nichtgelebter Sexualität. Ich brauche hierzu nach allen vorigen Ausführungen wohl nichts mehr zu erklären, ich möchte nur noch einmal hinweisen auf das schöne Buch über die »Verschwiegene Lust«, wo Frauen über 60 aus ihrem sexuellen Liebesleben berichten. Sie stehen alle in einem Alter, wo das Leben »vorbei« ist, und sagen alle, daß sie noch voll drin stehen, drin im sexuellen Verlangen, drin im ganzen Thema von Liebe, Eros, Freundschaft usw. Sie sagen es viel ehrlicher als andere, weil sie nichts mehr zu verlieren haben. Was wäre, wenn alle Menschen so sprechen würden, bevor sie 60 oder 80 Jahre alt sind? Was wäre, wenn die verträumte Jugend endlich eine derartige Unterweisung bekäme, damit sie nicht immer wieder in dieselben Versäumnisse rennt?

In Hamburg bestehen über 30% der Bevölkerung aus alleinlebenden Männern und Frauen. Es gibt ganze Wohnsilos, die nur aus Appartements für sogenannte »Singles« bestehen. Diese Singles sind meistens über dreißig und oft schon über vierzig. Hier ist das Elend des nichtgelebten Lebens fast schon zur Architektur geworden. Ich möchte nicht in der Haut dieser Frauen stecken. Ich möchte aber auch für sie nicht das »out« wiederholen, an das sie selbst schon glauben. Wenn die Discos keine Möglichkeit mehr sind, dann gibt es vielleicht doch noch andere, bessere Möglichkeiten für Kontakt und Lebensfreude. Vielleicht wird ja dieses Buch in solchen Fällen herumgereicht. Das wäre immerhin ein Gesprächsstoff. Irgendjemand muß doch dann endlich irgendwann einmal auf den Gedanken kommen, diese ganzen Single-Unternehmen und die Bälle der einsamen Herzen etc. auf ein anderes Niveau zu bringen und eine neue Perspektive zu finden. Die Leute brauchen nicht nur irgendwelchen Kontakt, sie brauchen vor allem die Lust und den Mut, ihr Leben nochmal aufzubauen. Für jeden Single, ob Mann oder Frau, gibt es genügend Möglichkeiten, wenn er oder sie bereit ist, aus der Resignation auszusteigen.

Ganz zum Schluß, damit niemand glaubt, die Singles hätten den schwarzen Peter gezogen in unserer Gesellschaft: Noch auswegloser steht es oft in den sogenannten Liebesbeziehungen und Ehen. Wenn die Ehepaare abends vor dem Fernseher in trauter Einsamkeit zusammensitzen und das versäumte Leben auf dem Bildschirm sehen... Wenn jeder insgeheim an etwas denkt, was der andere auch denkt und was sie deshalb nicht sagen dürfen... Wenn sich der kultivierte Teil der Menschheit, die weiße Rasse in Europa und Amerika, in dieser Weise bluffen läßt und nichts dagegen unternimmt... Die Hooligans kommentieren diesen ganzen Wahnsinn auf ihre Weise. Sie holen sich gewaltsam etwas von dem Abenteuer des Lebens, das sie auf einem weicheren und schöneren Weg nicht erfahren konnten.

Unsere gesellschaftliche Welt hat sich infolge ihrer verhängnisvollen Kulturtradition auf zwei getrennten Etagen eingerichtet: auf der einen, wo die inneren, verborgenen, heißen Wünsche und Träume sind, und auf der anderen, wo man als normaler Bürger in Erscheinung tritt. An dieser Schizophrenie ist nicht nur Jürgen Bartsch ausgerastet. Solange die beiden Etagen getrennt bleiben, werden die Menschen weiterhin im Bann jener unbenannten Krankheit stehen, deren Diagnose immer dieselbe ist: das nichtgelebte Leben.

Gestern abend in der Kneipe

Es handelt sich um ein relativ prominentes Lokal in Frankfurt. Ich kenne das Ehepaar, das dieses Restaurant führt. Beide attraktiv, Anfang dreißig, wohlsituiert, aber immer noch unerfüllt, beide haben die Sehnsucht nach etwas anderem noch nicht ganz aufgegeben. Was ist dieses andere? Darüber haben sie ein Abkommen des Schweigens getroffen. Sie trifft sich heimlich mit..., er trifft sich heimlich mit... Sie wissen oder ahnen es voneinander, aber sie sind »fair« und schweigen. Und dann die Bedienung: zwei Frauen mit üppigem Busen. Das läßt sich nicht übersehen. Wenn er diese beiden sieht, dann denkt er etwas. Aber wenn er denkt, daß sie merkt, was er denkt, wenn er die beiden sieht, dann wird er plötzlich sehr geschäftlich und tut so, als würde er an gar nichts denken. Diese Art von Übersprungshandlung, mit der sie beide ihrer heimlichen Frage aus dem Weg gehen, hat sich schon so verselbständigt, daß fast alles nur noch geschäftlich läuft. Da kommt auf einmal der frühere jugoslawische Freund der Wirtin. Eigentlich ist er wegen ihr gekommen, sie aber muß hinter dem Tresen die Geschäfte regeln. Sie würde ungeheuer gern mit ihm ein Rendezvous vereinbaren, aber das gäbe dann eine wirklich schwierige Geschichte mit ihrem Mann. Also lieber nicht. Dann kommt ein Junge, 18 Jahre, und möchte zur älteren Bedienung einen Kontakt aufnehmen, weil sie ihm so weiblich und so mütterlich und so heimatlich erscheint, aber es muß ja serviert werden. Und wem da serviert werden muß! Lauter Menschen, die bemüht sind, ihre heimlichen Stielaugen hinter Menu und Wein zu verbergen. Und alles läuft ab, ohne daß ein einziges Wort darüber gesprochen wird. Ein Beispiel für das Kapitel von vorhin über die Gesellschaft mit den zwei Etagen. Ich hätte der Wirtin gern etwas ins Ohr geflüstert – aber was, solange sie in diesem System steckt? Sie stehen seit einigen Jahren in der Entscheidung: Geld oder Liebe, Geschäft oder Wahrheit, gesellschaftliche Rolle oder lebendiges Leben? Und sie haben, wie es scheint, ihre Wahl getroffen. Sie sind immer noch sympathisch wie früher, aber sie sind ein Teil geworden von etwas anderem. Sie wollten eine alternative Kneipe machen. Jetzt machen sie guten Umsatz und Urlaub auf den Malediven. Ich bestelle noch ein kleines Bier und denke wieder einmal nach. Wer hat das alles inszeniert, und warum machen sie da mit?

Mein Freund Martin

Martin ist markant, Mitte vierzig, begnadeter Architekt und unentwegt aktiv als Philosoph und als Künstler. Neulich hatte er nach längerer Trennung ein Wiedersehen mit seiner Freundin. Er holte sie am Bahnhof ab und verkündete ihr seinen Wunsch, einmal wieder richtig mit ihr zusammenzusein. Sie reagierte darauf zurückhaltend und etwas kühl. Martin reagiert innerlich sofort, aber er hat die Eigenschaft, äußerlich wie ein Zen-Meister zu erscheinen, wenn er innerlich rast wie ein Berserker. Sie fuhren zusammen durch einen Ort am Bodensee und kamen an eine geschlossene Bahnschranke (eine Halbschranke). Martin gab Gas, fuhr durch, der Zug verfehlte sein Auto nur um wenige Meter. Es gibt einige, die so etwas nicht überlebt haben.

Es war eine symbolische Handlung. Die Schranke, die im Inneren noch nicht überwunden werden kann, wird in ekstatischer Entschlossenheit äußerlich durchbrochen. Martin war »in flagranti«. So ist das oft bei Männern, wenn sie außerhalb ihres weiblichen Bestimmungsortes in flagranti sind. Sie haben ihr Mädchen nicht bekommen, und schon begehen sie Heldentaten. Sie leben in einer symbolischen Welt, wo das, was sie eigentlich suchen und ersehnen, nicht eintritt, immer wieder nicht eintritt und deshalb in Form symbolischer Aktionen nachgeholt werden muß. Da ist oft kein Gipfel zu hoch, keine Wüste zu einsam, keine Piste zu schwierig, der Mann geht aufs Ganze. Er liegt nicht weich und heimatlich beim Weib, sondern er bohrt, da er symbolisch veranlagt ist, die Pfeile seines Geistes in die Materie der Welt. Er ist, ohne es zu wissen, fast grundsätzlich ein Philosoph. Er hat das jahrhundertelang geübt, er mußte es üben, denn das Weib war zu lange nicht mehr bei ihm und er nicht bei ihr.

Wir alle führen mehr oder weniger ein symbolisches Leben, vom Auto bis zur Zigarettenmarke, solange wir nicht beieinander angekommen sind, der Mann bei der Frau und die

Frau beim Mann und die Geschlechter ineinander. Es ist das permanente Leben vor der Staumauer, das uns zu solchen symbolischen Handlungen treibt. Es ist die pränatale Phase eines Geburtsvorgangs, der sich in unseren Exzessen ankündigt. Was soll oder will hier geboren werden? Es ist immer die Liebe, es ist immer diese innerste seelische und sinnliche Heimat der Geschlechter, es ist nie etwas anderes, es zeigt sich nur anders, solange der Weg noch versperrt ist. So zeigt sich Heroismus und Todesverachtung, wo eigentlich Liebe gemeint ist. So zeigt sich Härte, wo eigentlich Weichheit gemeint ist. So zeigt sich Gewalttätigkeit beim Mann, wo eigentlich auch er sich hingeben möchte. Wir leben in einer Symbolik der umgekehrten Werte.

Martin hat ein erhebliches sinnliches Talent, ich habe ihn oft beim Kochen beobachtet. Aber als Symbolist und Philosoph ist er so aufs Geistige vernagelt, daß er auch alles Sinnliche erst prüfen und hinterfragen muß. Ich vermute, daß er viele frühere Leben in harten Klosterzellen verbracht hat, um seinen Kopf von seinem Unterleib zu befreien. Heute ist er so spröde und so sexy wie knarrendes Holz. Aber er kocht und tanzt wie ein Silen. Oralität und Sexualität, Maul und Unterleib, Naschen und Vernaschen gehören eben doch eng zusammen in der göttlichen Weisheit unseres Leibes. Wenn Martin einmal so vögelt, wie er kocht, wird er keine Bahnschranke mehr durchbrechen müssen.

98

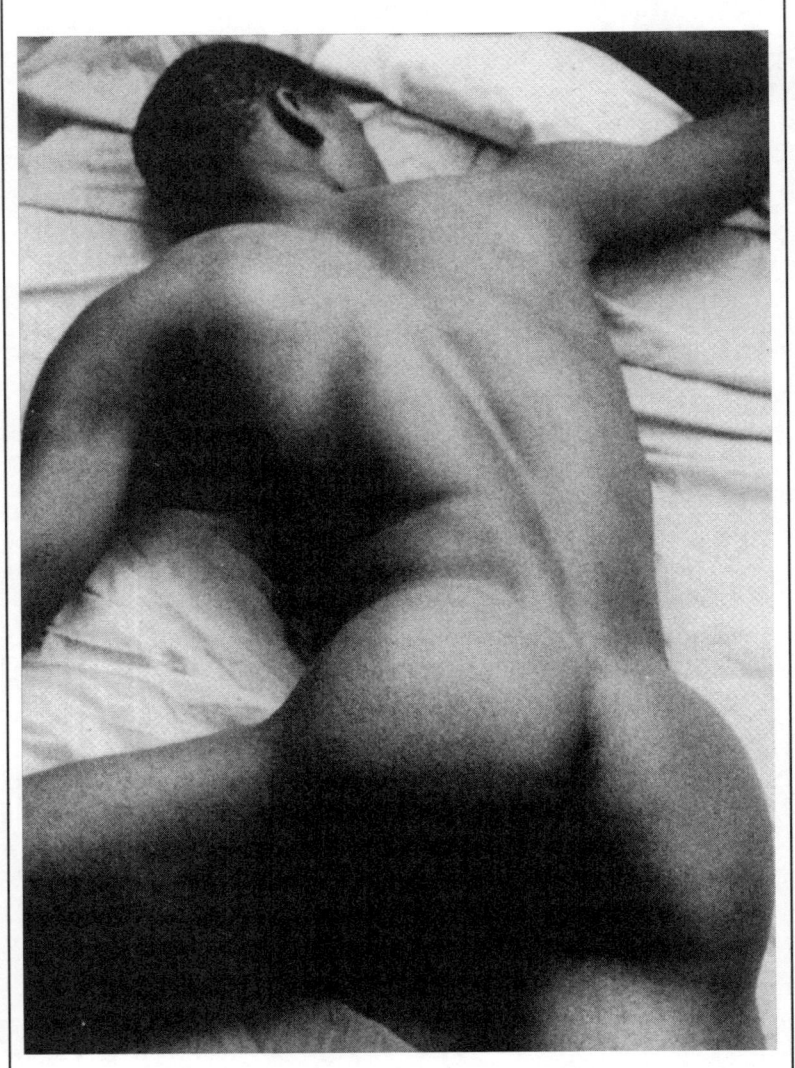

Foto: Trevor Watson

Sexualität zwischen Verlangen und Scham

Hat jemand das Buch von Erica Jong »Die Angst vorm Fliegen« gelesen und es ohne zu schnellen Kommentar in sich aufgenommen? Ihre Sehnsucht nach dem »Spontanfick« ist die bewußte oder unbewußte Sehnsucht aller Leiber. Hat jemand das »Delta der Venus« von Anaïs Nin gelesen, ohne sich damit zu beruhigen, daß es ja nur Literatur ist? Sie selbst war über ihre indirekten Bekenntnisse so verlegen, daß sie behaupten mußte, sie hätte es nur aus finanziellen Gründen geschrieben. Hat jemand solche Bücher gelesen, ohne im Inneren seiner Zellen von ihrer Wahrheit berührt worden zu sein? Hat jemand Bukowski oder Henry Miller gelesen, ohne dabei echt und ehrlich geil zu werden? In diesen Büchern ist der anarchische Eros beschrieben, der um so mehr unsere Phantasien bewegt, je mehr er vom realen Leben ausgeschlossen wird. Es sind positive Bücher über Sexualität, und es sind positive Regungen in uns, die dadurch angesprochen werden. Eine unendliche Sehnsucht brennt in uns nach solchen Erlebnissen, ein Himmel und eine Hölle voller ungelebter Möglichkeiten. Und sie alle stecken in einem wohlerzogenen Leib, bedeckt von wohlerzogenen Kleidern, Unterwäsche und Krawatte, überragt von einem wohlerzogenen Gesicht mit dem selbstsicheren Ausdruck einer wohlerzogenen Gleichgültigkeit. Wir sind genial. Wenn die Kunst der Tarnung bei einigen Meeresbewohnern oder beim Chamäleon eine erstaunliche Perfektion erreicht hat, so ist sie doch nichts gegen das Mimikry des Menschen. Da platzt ein begehrlicher Leib aus allen Nähten, und darüber sitzt eine Brille, die eine Zeitung studiert. Da tippt eine Sekretärin ihre obligatorischen Texte, und daneben hat sie einen Vibrator von Beate Uhse in ihrer Tasche oder woanders. Da macht ein attraktiver Mann einer attraktiven Frau ein schönes Angebot, und aus lauter Verlangen sagt sie Nein. Da verführt ein Prediger seine minderjährige Nichte und wettert von der Kanzel gegen die Unzucht. Der Mensch ist das erstaunlichste Tier im Zoo der Evolution, denn er betreibt seine Tarnung nicht für, sondern gegen seine eigentlichen Interessen.

So tief wie das Verlangen ist, so tief ist meistens auch die Scham. Da gibt es das Buch von Anja Meulenbelt mit dem Titel: »Die Scham ist vorbei«. Es ist gut als Aufreißer und Gedankenanstoß, aber in Wirklichkeit ist die Scham noch lange nicht vorbei. Sie hat viel eher begonnen, uns in ihrem vollen Ausmaß bewußt zu werden. Ich spreche jetzt nicht von der natürlichen Scham, die wahrscheinlich jeden Menschen beim Auftreten der ersten sexuellen Regungen berührt. Die anfänglichen Dinge sind immer zart und feingewoben. Eine Regung, ein Hauch von Scham, von Keuschheit und Schüchternheit, gehört wohl zu jeder erotischen Begegnung, nicht nur im Jugendalter. Sie spannt die inneren Saiten in der feinen Musik der Gefühle und sorgt für die richtige Geschwindigkeit bei der Annäherung. Aber sie öffnet sich auch gern der schönsten Schamlosigkeit, wenn die Situation dafür da ist. Ich spreche vielmehr von der anderen Scham, welche diese Öffnung verhindert. Sie kommt nicht aus der Natur der Sache, sondern aus den gefürchteten Blicken und Gedanken der anderen. Diese Scham ist das Hindernis, an dem so viele scheitern, auch wenn sie versuchen, sie gewaltsam zu überspringen.

Die Scham vor dem, was die anderen denken könnten, und die ebenso tiefe Scham gegenüber dem eigenen Selbstbild, zu dem die Entblößung und Verrenkungen der Sexualität so gar nicht passen wollen, sind nicht ein Teil der Sexualität, sondern ein Teil unserer Kultur. Die geistigen und politischen Autoritäten und Würdenträger dieser Kultur mußten immer auf eine Etikette und ein äußeres Auftreten achten, dem man nichts mehr ansehen konnte von den geheimen »Schweinereien«. Man stelle sich vor, ein Kind hört seine strenge Tante durch eine Zimmertür hindurch grunzen und quieken, oder ein Schüler beobachtet heimlich seinen Oberlehrer, wie er ächzt und stöhnt. Man stelle sich dabei auch die bekannten Bewegungen vor. Man glaubt nicht mehr so ganz an die Weisheit und Allmacht dieser Vorbilder, wenn man sie einmal in solchen Positionen gesehen hat. Eine Gesellschaft, die ihre Strukturen nicht auf Leben und Wahrheit, sondern auf Autorität und Unterdrückung aufbaute, mußte alles tun, um solche Peinlichkeiten zu vermeiden. Dadurch entstand – schon im Kind – ein Bild vom Menschen und seiner Würde, welches zur Sexualität nicht paßte.

Wilhelm Reich bezeichnete die sexuelle Revolution als die zweite kopernikanische Wende. In der ersten verlor der Mensch seinen anthropozentrischen Stolz, indem er entdeckte, daß er mit seinem Planeten nicht im Mittelpunkt der Welt stand. In der zweiten verliert er seine traditionelle Würde, indem er Tatsachen akzeptieren muß, die nicht zu dieser Würde passen. Derselbe, der sich auf dem öffentlichen Parkett mit Krawatte und Bügelfalten, mit Kostüm und aufrechtem Gang bewegt, vollzieht im Bett die zuckenden und peristaltischen Bewegungen einer Qualle. Derselbe, der sonst in wohldosierten Phonemen spricht, gibt jetzt die Urlaute des Fleisches von sich. Die Verwandlung kann nicht größer sein. Und dann noch die Stellungen, die insgeheim gewünschten Positionen und Gebärden, der Instinkt zur totalsten, hingespreiztesten und schamlosesten Öffnung! Nietzsche, der gewaltige Revolutionär des Geistes, hätte rote Ohren gekriegt, wenn er daran nur gedacht hätte. Und unsere Mütter erst! Sie ahnten ja schon die süße Wonne dieser »Schande«. Um so mehr mußten sie sich davon distanzieren.

Das Wesen der Scham hängt zusammen mit dem Wesen jener sexuellen Verwandlung, die da geschieht. Fast könnte man, wie es zum Beispiel Georges Bataille in seinen tiefen Büchern unternommen hat, das Wesen der Sexualität mit dieser Verwandlung gleichsetzen, mit dieser Entblößung äußerlich und innerlich, dieser wollüstigen Vernacktung des Leibes und der Seele. Je größer bei einer Frau die Scham ist, um so mehr weiß sie von diesem Vorgang, und je mehr sie von diesem Vorgang weiß, um so mehr wünscht sie ihn. Je mehr sie ihn wünscht, um so größer wird ihre Scham, sobald sie in die Nähe seiner möglichen Verwirklichung kommt. Erst wenn sie wirklich grünes Licht bekommen hat, wenn sie merkt, daß sie darf und daß es erwünscht ist, erst dann kann sie diese riesige Schwelle überwinden. Dann allerdings tut sie's ganz. Scham, ohnehin schon ganz nah an der Wollust, verwandelt sich immer in ihr Gegenteil, wenn die Möglichkeit dafür gekommen ist. Ein Ausdruck von Scham im Gesicht einer Frau ist deshalb oft eine sehr charmante und feine Vorankündigung kommender Freuden.

Die Scham wäre eigentlich gar nicht so schlimm, wenn sie nicht insgeheim verbunden wäre mit der Angst vor Erniedrigung. Was in der Sexualität unter den gegebenen Kulturbedingungen immer als Gefahr mitschwingt und was durch ihre eigene Qualität auch nahegelegt wird, ist die Erniedrigung. Das beginnt schon physisch mit der Positionsveränderung vom aufrechten Gang zur Horizontalen, das setzt sich innerlich fort mit der Bloßlegung animalischer Seelenteile, und das endet manchmal in einer bildschönen Verwüstung und Versudelung des Schauplatzes. Wenn solche Dinge in einer Gesellschaft geschehen, die tatsächlich niedrig und gemein denkt über den Sex, dann kommen zwei Dinge so fatal zusammen, daß man sich der ganzen Sache am liebsten entzieht. Die Sexualität, die sich selbst gerne zur freiwilligen, wollüstigen, kontaktvollen und kontrollierten Erniedrigung anbietet, läuft damit Gefahr, auf eine tatsächliche Erniedrigung zu treffen, die mit der ursprünglichen erotischen Freude nichts mehr zu tun hat. Es ist hier wie mit der Gewalt. Zum sexuellen Spiel gehört manchmal ein kleiner, von beiden Seiten erwünschter Schuß von Gewalttätigkeit, von Raubtierhaftigkeit und Kannibalismus. Es gibt da eine wahrhaft tierische Freude, wenn das ohne reale Gewalt geschehen kann, und diejenigen, die es so miteinander getrieben haben, bleiben sich gern in »kannibalischer Treue« verbunden. Aber wehe, die gespielte Gewalt schlägt in echte um, und diese Gefahr besteht natürlich fast immer, solange die Menschen sich gestaut und noch unbekannt einander begegnen. Wo ist hier die Grenze, wo darf ich anfangen, es zu riskieren, und wo halte ich mich lieber zurück? Wo Menschen noch in einer so dumpfen, moralinhaltigen, zotigen und unbewußten Art zusammenleben, daß reale Gefahr vor Erniedrigung und Gewalt besteht, da halte man sich lieber mit seinen sexuellen Wünschen zurück. Auch hier, für die positive Transformation der Scham, gilt der Grundgedanke dieses ganzen Buches: Laßt uns selbst die Bedingungen und Strukturen schaffen, unter denen wir leben wollen!

Die Scham steckt tief in beiden Geschlechtern. Beide würden auf der Stelle vergehen vor Scham, wenn ihre wirklichen Gedanken und Wünsche ans Licht kämen. Man halte sich diesen Satz einmal genußvoll vor Augen! Alle Menschen würden vergehen vor Scham, wenn ihre wirklichen Gedanken und Wünsche ans Licht kämen. Sie würden alle im Boden versinken. Vorbei wär's mit den frommen Sprüchen und dem falschen Theater, vorbei die feige Macht der Anständigen über die Unanständigen, vorbei der Zwang zu Verstellung, denn die Blicke der anderen sind verschwunden. Eine ganze Welt von Lüge und Heuchelei im Boden versunken! Die Welt wäre frei für einen neuen Anfang. Wir, wir Menschen, Kinder, Jugendliche und Erwachsene, Männer und Frauen, könnten noch einmal neu anfangen – aber jetzt nicht mehr blind und treu unserer Tradition ergeben, denn die gibt es ja auch nicht mehr, sondern frei und intelligent nach allem, was wir inzwischen wissen und wünschen. Ich schreibe die Gedanken dieses Buches immer wieder vor dem Hintergrund einer solchen Möglichkeit, sonst hätte es keinen konstruktiven Sinn, die Dinge beim Namen zu nennen.

Frauen über 40

Frauen, welche die Mitte des Lebens erreicht haben, stehen in der Blüte ihrer Weiblichkeit. Sie sind rund, voll und begehrenswert. Sie haben ein Leben der Liebe vor sich, das sich bis in ihr hohes Alter fortzieht. Und sie schenken denen von ihrer Erfahrung, die es brauchen können, den jüngeren Frauen, den jungen Männern, den Suchenden und Fragenden auf dem Weg der Liebe.

So sähe es aus, wenn unsere Welt in Ordnung wäre. Keine Frau über 40 käme auf den Gedanken, sich künstlich jung zu machen, denn sie besitzt ihre Attraktivität gerade durch ihr natürliches Alter. Keiner fiele es ein, sich wegen ihrer sexuellen Wünsche zu schämen, denn sie liebt und bejaht den Sex. Keine würde sich Sorgen machen wegen ihrer gesellschaftlichen Aufgabe, denn die hat sie durch ihren erwachsenen Sinn für Liebe und Verantwortung in Hülle und Fülle. Keine würde sich ängstigen vor dem Älterwerden, denn die Sexualität im Alter orientiert sich an anderen Dingen als an den Idealmaßen der Figur.

Die vom Menschen geschaffene Realität sieht anders aus. Frauen ab vierzig leben entweder in einer Ehe oder allein. In der Ehe läuft meistens nicht mehr viel, der Alltag hat die Liebe längst verschluckt. Wenn sie allein leben und eigentlich noch einmal richtig anfangen könnten, ist ihnen der Weg zum Glück meistens durch die gesellschaftlichen Vorurteile versperrt. In beiden Fällen sehen sie sich gezwungen, als asexuelle Wesen in Erscheinung zu treten. Sie müssen Konventionsdame spielen, statt zu leben. Sie schmücken sich mit Modekonfetti statt mit dem Glanz der Liebe. Sie reden über das Wetter statt über ihre wirklichen Themen, und sie müssen Kuchen essen, statt sich wunschgemäß begatten zu lassen. Die innere Auszehrung, die sie erfahren durch den Verzicht auf die Liebe, läßt ihre Haut ebenso welken wie ihren Geist. Ihre Rundungen bestehen nicht aus angeregten Körperzellen, sondern aus Kummerspeck. Sie sind nach ihrer eigenen Meinung nicht mehr attraktiv genug für den Reigen der erotischen Liebe. Sie vergleichen sich mit den Jüngeren und merken nicht, daß sie ganz andere Qualitäten haben. In ihrer Not greifen sie – wenn sie sich mit den Ersatzbefriedigungen des Konsums nicht zufriedengeben können – zu religiösen oder esoterischen Büchern. Sie befassen sich mit Makrobiotik und Naturheilkunde, mit Astrologie und Tarot (was nicht unbedingt schlecht sein muß), mit ganzheitlicher Lebensweise und dem höheren Selbst. Sie wechseln vom sexuellen in den spirituellen Status über und lernen dabei, ihren Verzicht als Tugend anzusehen. Gegen alle diese Dinge ist eigentlich gar nichts einzuwenden, aber sie treffen nicht den Kern der Sache. Sie sind einfach unter den gegebenen Umständen die intelligenteste Form des Überlebens. »Enthaltsamkeit ist das Vergnügen an Dingen, welche wir nicht kriegen« (Wilhelm Busch). Dabei wären sie alle zu kriegen, wenn... wenn wir anfangen würden, mit allen Kräften der Erkenntnis, der Liebe und der Wahrheit die Erbarmungslosigkeit der öffentlichen Sexualmoral zu durchbrechen und reale Möglichkeiten der Verwirklichung aufzubauen. Man braucht heute sehr lang, um die Sexualität zu verstehen, und mit vierzig fängt das Leben eigentlich erst an.

Eine Frau ab vierzig, die in der Fülle ihres Lebens steht, ist im archetypischen Sinne immer auch eine »Mutterfigur«. Darin liegt ihre tiefere seelische Qualität und Ausstrahlung. Leider haben die Frauen dieses Alters zu so einem Wort ein seltsames Verhältnis. Sie reagieren eher mit Schreck als mit Freude. Sie spüren nicht, was damit gesagt ist. Die Qualität der Mutterfigur steht nicht im Gegensatz zur Rolle der Freundin und Geliebten. Ein Mann, der die Liebe kennt, reagiert darauf nicht in der Art, daß er selbst infantil und impotent wird, sondern im Gegenteil, er reagiert als vertiefter Liebhaber. Im Archetyp der positiven Mutterfigur liegt etwas Weiches und doch sehr Starkes, etwas Kreatürliches und etwas Wissendes, etwas von Güte und Geborgenheit. Etwas, worauf man sich im Leben verlassen kann.

Ich möchte noch ein bißchen bei diesen archetypischen Strukturen unserer Seele verweilen, weil hier zelluläre Wahrheiten und Schöpfungszusammenhänge aufleuchten, die viel tiefer sind als alle gesellschaftliche Nomenklatur. Frauen ab 40 sind das eigentliche Seelenzentrum organischer Gemeinschaften. Von ihrem Wissen, ihrer Wahrheit und ihrer Güte hängt es ab, wie weit sich die jugendlichen Abenteurer hinauswagen können, ohne den »Mutterboden« zu verlieren. Ihr Lächeln hat höhere Autorität als das Gesetz. Durch ihre bewußt gewordene weibliche Rolle regeln sie die kreatürlichen Dinge des Lebens, die Zellvorgänge der Gemeinschaft. Die alten Bilder der weiblichen Rolle sind nicht einfach falsch, sie sind nur von der Männerwelt falsch eingeordnet und ausgebeutet worden. Es geht auch nicht um eine Rückkehr ins alte Matriarchat, denn der geschichtliche Weg unserer menschlichen Entwicklung geht immer nach vorne. Aber es gibt matriarchale Strukturen und Kräfte, die jenseits aller Kulturen und Zeitströmungen stehen, weil sie zusammenhängen mit der universellen Polarität der Schöpfung.

Es ergibt sich aus diesen Zusammenhängen die große sexuelle und soziale Funktion der Frau in der zukünftigen Gesellschaft. Sie wird immer noch Kinder haben und ihren familiären Umkreis pflegen, sie wird einen Beruf ausüben und ihre eigene Bedeutung verstehen, und dann, wenn sie genügend innere Erfahrung gesammelt hat, wird sie auf neuer Stufe an den Themen der Liebe und der Gemeinschaft arbeiten, aber nicht mehr privat, sondern öffentlich, politisch, menschheitlich. Sie wird von den jungen Männern verehrt und begehrt werden, weil sie Wissen hat und keine Angst einflößt. Sie wird das archetypische Verlangen eines jungen Mannes nach der reifen Frau nicht zurückweisen, sondern in natürlicher Freude und Verantwortung annehmen. Sie weiß wie alle älteren Frauen, daß das Thema des sogenannten »Inzests« (wenn man es nicht zu eng auf die Familie fixiert) ein Grundthema der menschlichen Sehnsucht ist und daß die männliche Jugend auch aus diesem Grunde den Kontakt zu ihr sucht. Sie weiß, daß von ihrem Verhalten es auch abhängen wird, ob dieses untergründige Sehnsuchtsthema zu einer glücklichen Lösung kommt oder nicht. Sie selbst hat ja dieses Thema ebenso in ihrer Seele und ist erregt bei dem Gedanken, mit ihren »Söhnen« zu schlafen.

Damit ist keine direkte Sexualität von Erwachsenen mit Kindern gemeint. Sie entspricht einfach nicht der kindlichen Entwicklung und ist eigentlich für Menschen mit erfülltem sexuellen Leben auch kein Thema. Aber nach der Kindheit ist alles erlaubt, was von beiden Partnern gewünscht wird, vorausgesetzt, sie können sich ohne Lüge darüber verständigen. Alle Altersstufen haben im Sexualleben der Menschen ihre eigene Bedeutung und Funktion; es gibt weder altersmäßige Beschränkungen (außer der genannte bei Kindern), noch irgendwelche begründbaren Gesetze, welche Altersstufen miteinander ins Bett dürfen und welche nicht. Claire Goll wurde im Alter von 76 Jahren von einem Zwanzigjährigen begattet und fand dabei ihre erste sexuelle Erfüllung. Der Film »Harold and Maude« zeigt ein Liebesleben, das sich über alle Altersschranken hinwegsetzt. Goethe, das geistige Vorbild unserer Nation, heiratete mit 80 die zwanzigjährige Marianne Willemer. Wo immer der Eros seine eigene Spur findet, vollbringt er Wunder über Wunder. Da hat jedes vorgefaßte moralische Gesetz zu schweigen. Wo es dem Eros gelingt, die Krusten unseres Lebens zu durchbrechen, da haben wir nicht zu urteilen, sondern zu lernen und zu verstehen. Unentdeckt und unerlöst sind noch Mensch und Menschenerde, hat Nietzsche gesagt. Hier, im erotischen Bereich, sind wir beim Kern der Dinge, wo wir mit der Entdeckung und Erlösung anfangen können.

Die Frauen über vierzig mögen mithelfen auf diesem Weg. Sie sollen wissen, daß es genug Männer gibt, die auf sie warten. Sie sollen den Mut haben zu zeigen, daß sie bereit sind. Es muß Möglichkeiten der Verständigung geben, und wenn nicht, dann müssen wir sie eben schaffen. Wir können natürlich nicht alle mit einem Schild auf der Brust herumlaufen, wo draufsteht: »Ich bin bereit«, aber wir können unserem Gespür folgen und dorthin gehen, wo man bereit sein darf. Vielleicht gibt es ja doch auch sinnvolle und schöne Zeichen dieser Bereitschaft, die man sich als Schmuckstück anheften kann?

Die Lebensperspektive einer Frau über vierzig hängt ab von den bewußten oder unbewußten Vorstellungen über das Älterwerden. Diese Vorstellungen kommen meistens nicht aus der authentischen eigenen Erfahrung und Intuition, sondern aus den Glaubensvorstellungen unserer Kultur, die unhinterfragt von Generation zu Generation weitergegeben werden und dadurch ihre fast biologische Festigkeit und Wirksamkeit erhalten haben. Diese Glaubensvorstellungen entstammen einer uralten jüdischen und christlichen Kultur und sind behaftet mit einer eingefleischten Angst vor der körperlichen Liebe. Wir leben aber heute in einer Zeit der geschichtlichen Wandlung, die keinen Stein mehr auf dem anderen lassen wird. Hinter den apokalyptischen Vorgängen unserer Zeit bahnt sich eine menschliche Transformation an, die neue Einblicke bringt in die geistigen, seelischen und körperlichen Grundtatsachen unseres Lebens. Diese stammen nicht aus einer gesellschaftlichen Epoche und nicht aus einer temporären Mode, sondern aus dem immerwährenden Atelier der Schöpfung. Hier liegen die Gesetze, die nicht Knechtschaft bringen, sondern Freiheit, nicht Moral, sondern Humanität, nicht Verlassenheit, sondern Geborgenheit, nicht Krankheit, sondern Heilung. Und zu diesen Gesetzen gehört auch ein anderes Prinzip des Wachsens und des Älterwerdens. Altwerden heißt demnach nicht, daß die Energie abnimmt, sondern daß sie komplexer wird. Altwerden heißt auch nicht, daß der Körper abstirbt, das gilt nur statistisch unter den bis jetzt aufgebauten Strukturen der Geschichte. Die Körperzellen sind tendenziell auf jeder Altersstufe regenerierbar, wenn der Geist wach und lebendig bleibt. Erst wenn der Lebenswille zu erlöschen beginnt, verlieren die Zellen ihre Energie. Für einen siebzigjährigen Menschen, der sich auf dem Höhepunkt seiner vitalen Energie befindet, gibt es nicht den geringsten Grund, seinen baldigen Verfall befürchten zu müssen. Das Leben lebt ständig aus seinen Ursprüngen, und wenn die erhalten bleiben, dann ist es ständig erneuerbar. Wenn die erste Lebenshälfte mühselig und beladen zu Ende ging, kann die zweite neu begonnen werden. Vielleicht war die erste Lebenshälfte dann nur ein Drittel des Lebens. Wir sind zuhause in einer unendlichen Welt, und wir verlassen sie meistens, bevor wir sie und uns verstanden haben.

Zärtlichkeit und der Raum danach

Durch eine schöne sexuelle Begegnung entsteht eine Freude, die nicht gleich wieder vorbei sein soll, man wünscht den »Raum danach«. Was haben wir hier schon gesündigt, vor allem wir Männer! Gerade hat mich eine Freundin angerufen und irgendetwas von Explosion und Totschlag und Psychotherapie erzählt. Ihr Freund, der Mario, hätte sie nach einem schönen Betterlebnis wieder einmal im Stich gelassen, er sei einfach weggegangen. Das sei immer so, und sie könne das nicht mehr aushalten. – Ich bin weit entfernt davon, meinen Geschlechtskollegen zu verurteilen, ich kehre lieber vor meiner eigenen Tür. Wir haben oft eine Art, vom Sex in den Alltag überzugehen, als hätten wir uns gerade die Zähne geputzt.

Wenn eine sexuelle Begegnung schön gewesen ist, dann folgt daraus zunächst einmal ein natürliches Gefühl von Dankbarkeit und Zärtlichkeit. Man möchte die schönen Gedanken mithineinnehmen in die Welt und in den Tag, man möchte aufgehoben sein. Eine sexuelle Begegnung, die mit dem Orgasmus beendet und ganz vorbei ist, ist wie ein seelischer Koitus interruptus. Der Vorgang wird mittendrin abgebrochen. Die seelische Qualität der sinnlichen Liebe, diese Freude, sich als Mann und Frau verständigt und geliebt zu haben, wird durch den sexuellen Vollzug allein meistens noch nicht erfüllt, sondern eigentlich erst geweckt. Man sagt oft, daß die sexuelle Vereinigung aus der Zärtlichkeit kommen müsse. Dies ist sicher eine Einschränkung, die dem Wesen des Eros nicht entspricht. Sexualität kann aus einer zärtlichen Empfindung entstehen, sie kann aber genauso aus dem tierischsten Verlangen kommen. Es gibt da keine sittlichen Wertunterschiede. Aber wenn sie zustandekam und wenn es gut war, dann entsteht so etwas wie kreatürliche Zärtlichkeit. Der Löwe leckt seine Löwin.

Es gibt Umstände, unter denen der Sex fast zur Routine wird, zum Beispiel in der Ehe oder in Gruppen mit einem konventionellen Verständnis der freien Sexualität. Es ist auch nichts Schlechtes dabei, wenn man es zwischendrin mal kurz tut und sich dann wieder den alltäglichen Dingen zuwendet, der Sex darf ruhig auch mal sein wie das Zähneputzen, wenn man hinterher einen sauberen Geschmack im Mund hat. Aber was sich da eben auf drei Quadratmetern Matratze und zwischen vier Bettpfosten abgespielt hat, darf im Alltag nicht einfach verlorengehen. Der Eros hat auch in seiner fleischlichsten Form ein feines seelisches Gewebe, welches nach Zärtlichkeit verlangt. Die aber stellt sich oft erst ein, wenn man aus großer Entfernung an das Erlebnis zurückdenkt. Wir brauchen sicher viel wissende Toleranz füreinander, um nicht schließlich von unserer schleichenden Wut gefressen zu werden. Der Mann, der nach vollbrachter Tat seine Braut wie ein Stockfisch verläßt, wäre selbst entsetzt über sein Handeln, wenn er sehen könnte, was er da tut. Wenn er nicht selbst in seinem ewigen Film von Leistung und Pflicht stecken würde, wenn er nicht selbst gezwungen wäre, seine unerfüllte Sehnsucht durch Arbeit zu kompensieren, wenn er nicht selbst schon so früh im Geburtskanal der Liebe steckengeblieben wäre, dann würde er auf der Stelle die unbewußte Brutalität seines Verhaltens erkennen. Wenn er den Raum in seiner Seele frei hätte, in dem sich die sinnliche Zärtlichkeit entwickelt, dann täte er nichts lieber, als dieser Regung zu folgen, denn Zärtlichkeit ist die Fortsetzung der Sexualität mit anderen Mitteln. Sich als sexuelle Wesen zu entdecken und zu begrüßen, sich in der Liebe freizuhalten von der Übermacht fremder Zwänge, dazu bedarf es einer Öffnung des Herzens, die in der Prioritätsliste unserer Männerwelt nicht gerade an erster Stelle steht.

Der Raum danach bedeutet für die Frau, angenommen zu werden. Die Abweisung hat sie oft genug schon als Kind bei ihrem Papa erlebt. Sie kann und will sich nicht versöhnen damit, daß es bei dieser Struktur bleiben soll. Körperliche Vereinigung ist für den Mann oft nur ein kurzer Ausflug zur Frau, für die Frau aber ist sie – eigentlich – Heimat. Solange

114

sie die nicht bekommt, wird sie rebellieren oder resignieren. Wenn sie sie aber bekommt, dann versteht und verzeiht sie alles. Vom Raum danach hängt es ab, wieviel Heimat wir schaffen unter den Geschlechtern, wie frei wir werden im Loslassen und wie frei für die nächste Begegnung. Wenn der Sex oft so schal geworden ist, dann liegt das oft auch daran, daß sich durch ihn nichts verändert. Und es wird sich durch ihn solange nichts verändern, wie wir im sexuellen Kontakt nur unsere Sexualorgane öffnen, aber nicht die Sinnesorgane der Seele. Körperliche Liebe, ein natürliches Ferment der Wärme und Geborgenheit, ist manchmal ein Ferment der Verhärtung geworden. Wieder einmal ist es dem Menschen gelungen, die Dinge umzudrehen. Gelegentlich steht man da mit Tränen in den Augen wie Kinder.

Der Mythos vom Orgasmus

Es gibt nicht wenige Männer, die ein besonderes Problem haben: Sie kommen beim Beischlaf nicht zum Ende. Sie sind innerlich so fixiert auf den Orgasmus, daß er sich gerade dadurch nicht einstellen kann. Ihre Partnerin spürt das natürlich instinktiv und kann deshalb ebenfalls nicht kommen. Aber der Mann muß doch die Frau befriedigen, oder? Und sie ist doch erst dann befriedigt, wenn sie zum Orgasmus kommt, oder? Und so mühen sich beide, bis sie nicht mehr können.

Nichts gegen den Orgasmus. Wilhelm Reichs Analyse seiner gesundheitlichen Funktion war sicher richtig und in der damaligen Zeit (vor über 50 Jahren) ein wichtiger Vorstoß gegen die allgemeine Verklemmung. Aber wie alle innere Befreiung und Erfüllung, so ist auch der Orgasmus ein Ereignis, das sich von selbst einstellt, wenn man es nicht durch falsche Fixierung verhindert. Sexualität hat eigentlich mit Lust zu tun, nicht mit Leistungssport. Das vergißt man leicht in einer Kultur, die über alle Lebensvorgänge das Prinzip der Leistung stülpt. Selbst meditative Vorgänge, die ihrer Natur nach außerhalb jedes Leistungsdenkens stehen – Vorgänge und Übungen wie Sexualität, Yoga, Tai Chi, Gebet und Meditation – werden hinterrücks zu einer Frage der Leistung. Kann ich oder kann ich nicht? Diese Frage hat sich unbewußt so sehr in den Vordergrund geschoben, daß für den eigentlichen Vorgang und für die eigentliche Erfahrung kein Platz mehr ist.

Die alten Zen-Mönche haben ihren Schülern einen sogenannten »Koan« gegeben, eine unlösbare Denkaufgabe, mit der sie sich solange beschäftigen sollten, bis sie sich ergeben haben in ihr Schicksal bzw. in die Unlösbarkeit des Problems. Wenn sie zu lange verstrickt blieben, kam es vor, daß der Meister sie die Stufen hinunterwarf, um sie durch dieses unvorhergesehene Ereignis zur Erleuchtung zu bringen. Das Prinzip ist aufschlußreich, denn ebenso wie der Schüler durch

so ein unvorhergesehenes Erlebnis von seinem inneren Leistungsdruck abgelenkt wird und durch dieses unfreiwillige
Loslassen zur Erleuchtung kommt, ebenso könnte bei unserem Marathonpärchen durch ein unvorhergesehenes Ereignis
der Streß aufhören und die Lust beginnen. Wir alle kennen
das, wir alle haben schon die Erlösung empfunden, mit der
uns irgendein dazwischenkommendes Ereignis aus mühsa-
men Verwicklungen befreit hat. Die Erfüllung kommt, wie
alle erfüllenden Dinge im Leben, mit ihrer eigenen souverä-
nen Beiläufigkeit. Der Himmel selbst ist schon oft genug bei
uns vor tapfer verschlossenen Türen gestanden, bevor er sich
beiläufig einfinden konnte.

Die moderne Naturwissenschaft hat die Sexualität auf einen physiologischen Trieb reduziert, das war sicher notwen-
dig im geistigen Kampf mit verstaubter Moral und poetischen
Verklärungen. Aber sie hat dabei einmal wieder das Kind mit
dem Bade ausgeschüttet. Die Sexualität ist keine physiologi-
sche Triebbefriedigung, jedenfalls nicht an erster Stelle, sondern sie ist der lustvolle körperliche und seelische Kontakt
zweier Menschen. Ob dieser Kontakt zum Orgasmus führt
oder nicht, spielt zunächst einmal gar keine Rolle. Wenn ich
anfange, Klavier zu spielen, denke ich ja auch nicht gleich an
den gewaltigen Schlußakkord meiner Zelebration. Der
kommt von selbst, wenn die Energie sich dafür einfindet.
Genauso ist es in der freien Sexualität. Mit »frei« meine ich:
frei von Angst, frei von dem Richterauge des Partners, frei
vom Leistungsdruck und von den Sollwerten unserer verkehrten Konventionen. Der Wert und die Schönheit einer
sexuellen Begegnung sind nicht abhängig vom Orgasmus,
sondern allein von der Schönheit des Kontakts. Sexualität ist
Kontakt bzw. die Fortsetzung des Kontakts »mit anderen
Mitteln«. Wieviel Frauen haben sich daran gewöhnt, dem
Mann einen Orgasmus vorzuspielen, damit er sich nicht unglücklich fühlt oder sie ihm nicht frigide erscheint! Wieviele
Gespräche und Zerwürfnisse haben sich in der Zeit der soge-

nannten sexuellen Aufklärung um die Frage des eingetretenen oder ausgebliebenen Orgasmus gedreht! Ich würde Männern, die mit diesem Problem zu tun haben, allen Ernstes einen einfachen Vorschlag machen: Geht mit der Frau ins Bett, ohne abzuspritzen. Dieser Verzicht ist meistens gar keiner. Er befreit vom Streß, und er ermöglicht eine neue Erfahrung. Keine Frau wird darüber sauer sein; im Gegenteil, wenn der Mann aufhört, sich abzurackern, dann kann auch sie genußvoll ihre Spur finden.

Viktor Schauberger, der große Naturphilosoph, hat lange die Bewegungsformen von fließendem Wasser, von Fischen, von keimenden Pflanzen u.a. erforscht und dann den berühmten Satz gesagt (zum Menschen): »Ihr bewegt falsch«. Es gibt in der Natur und allen ihren Wesen eine Bewegungsweise, welche nicht nur Kraft verausgabt, sondern immer auch Kraft empfängt. Die Kraftverausgabung, die wir im sexuellen Leistungssport betreiben, steht in grellem Gegensatz zu diesem natürlichen Bewegungsprinzip. Wer ohnehin schon körperlich gestaut oder überstreßt ist, sollte vielleicht einmal alle Leistung vergessen und den faulsten Sex zelebrieren, zu dem er fähig ist. Faul sein, nichts tun, zwischendurch entspannen und ruhig wieder abschlaffen lassen, vielleicht zusammen ein Glas Wein trinken oder ein Buch angucken – dies sind alles geeignete und angenehme Möglichkeiten, sich vor dem Orgasmusterror im Bett zu schützen.

Die Orgasmusthematik wird noch erschwert durch den ganzen Verschmelzungskitsch, den man ihr gerne andichtet. Orgasmus, meinen viele, sei eine fast mystische Vereinigung der beiden Seelen und Leiber, und diese Vereinigung kündige sich durch eine Ekstase an, die so gewaltig ist, »daß sich die Glieder verrenken und der Kopf sich dreht, bis die Tränen der Wollust dorthin fließen, wo der Arsch sich spaltet« (Dante). Solche Übertreibungen entstammen meistens nicht einer realen Erfahrung, sondern einer realen sexuellen Unterernährung des Leibes. Die Sexualität ist trotz ihrer gelegentlichen Seligkeit ein sehr irdischer und nüchterner Vorgang, ihre Ekstase ist wunderbar, aber nüchtern. Das Pathos des Verschmelzens bis zur Besinnungslosigkeit kommt meistens doch wohl eher aus den Phantasien eines gestauten Organismus als aus der Realität. Ich will nicht bestreiten, daß es ungewöhnliche, fast transzendentale Vereinigungserlebnisse in der Sexualität gibt, aber dies sind extreme Ausnahmen auch im Liebesleben von Erfahrenen. Auf so einen transzendentalen Orgasmus zu hoffen und zu warten oder gar ihn zum Maßstab aller Dinge zu machen, ist ähnlich verstiegen, wie wenn man im Gebet gleich auf die Erleuchtung warten würde. Der Mythos des Orgasmus hängt also auch zusammen mit übersteigerten Vereinigungsphantasien, die sich in dem Maße von selbst abbauen werden, wie die reale Vereinigung im Alltag entsteht und wächst. Nicht, was wir ein paar Minuten oder Sekunden lang in der Sexualität erleben oder nicht erleben, nicht die Frage des Orgasmus steht im Zentrum des wirklichen Vereinigungsthemas der Geschlechter, sondern die Frage ihrer alltäglichen Kommunikation, Verständigung, Zusammenarbeit und Sinnlichkeit. Das Glück wird hin und wieder in größter Offenbarung im Bett erfahren, geschmiedet aber wird es in der Werkstatt des Lebens.

Noch eine letzte Anmerkung zum Orgasmusthema: Es gibt taoistische und tantrische Lehrer, die ihren männlichen Schülern empfehlen, die Sexualität ohne Orgasmus zu genießen. Die innere Spannkraft Chi, die sie brauchen für ihr körperliches und geistiges Training, bleibt dann länger wach. Ich selbst teile diese Praxis, wenn ich vor bestimmten Aufgaben stehe, und ich habe dabei noch keine Einbuße an Lust erleben müssen. Je mehr der sexuelle Kontakt selbst die Quelle der Lust wird, um so weniger sind wir auf den Orgasmus angewiesen. Eine neue Stufe der erotischen Kunst beginnt natürlich dort, wo die Liebeskünstler ihren Orgasmus nicht mehr als biologischen Reflex ablaufen lassen, sondern sie im tantrischen Sinne zu steuern und zu dehnen beginnen. Aber das ist wohl eher ein Thema für die zukünftigen Liebestempel, wenn die anderen Dinge bereinigt sind.

Impotenz – Energie ohne Ausweg

Impotenz ist wirklich ein Problem, welches innerlich tiefer geht, als man äußerlich denkt. Alle haben es irgendwann erlebt und viele stecken mittendrin. Männer und Frauen sind gleichermaßen davon betroffen, nur sieht man es bei Männern deutlicher. Impotenz ist ein ungutes Wort, noch schlimmer ist das Wort Frigidität bei Frauen. Man fühlt sich dadurch abgestempelt und gebrandmarkt. Impotenz ist ein Phänomen, welches immer dann auftritt, wenn der Organismus auf Sexualität mit Angst reagiert und/oder wenn der Kopf den sexuellen Vorgang in eine falsche Verbindung mit den Gedanken von Leistung und von »Können« bringt. Zu diesem Thema des Können-Müssens in der Sexualität möchte ich eine humorvolle Passage zitieren aus dem Buch »Rettet den Sex – Ein Manifest von Frauen für einen neuen sexuellen Humanismus«:

> *Wenn jemand impotent ist, dann glaubt er, etwas können zu müssen, was man in Wirklichkeit nicht können muß – und was man gerade dann von selbst kann, wenn man an kein Können und kein Müssen mehr denkt.*
>
> *Die Annahme, das können zu müssen, was man in Wirklichkeit nicht können muß, weil man es von selbst kann, wenn man an Können nicht denkt, führt in den meisten Fällen zu Störungsvorgängen im Bereich des natürlichen Könnens. Wer dann tatsächlich nicht kann, sieht sich um so mehr in seiner falschen Annahme des Können-Müssens bestätigt. So wird der Sex zu einem vergeblichen Leistungssport. Wenn einer wirklich nicht kann und im Moment auch kein Land mehr sieht, dann möchten wir ihn bitten, dies nicht zu ernst zu nehmen. Vor allem soll er bitte nicht trotzdem so tun, als könnte er. Die Könner, die wir lieben, sind gelegentlich die Nichtkönner, die ihr Nichtkönnen auf charmante Art hinnehmen, ohne sich unnötig abzurackern.«*

Die gelegentliche Impotenz ist normal unter den Streßbedingungen unserer Zeit. Das eigentliche Leidensthema liegt bei der strukturellen, dauerhaften Impotenz. Sie tritt auch dann ein, wenn beide Partner voll bereit sind. Die strukturelle Impotenz ist oft ein Symptom der sexuellen Überstauung. Man spritzt ab, bevor es richtig angefangen hat, oder man kriegt keinen hoch, weil die gestauten Energien sich gegenseitig lähmen und nicht an die richtigen Körperorgane gelangen. Schlimm für den Betroffenen ist der ganze innere Vorgang, der damit verbunden ist. Er spürt das kommende Desaster und versucht, ihm vorzubeugen. Man überdenkt die angemessenen Handgriffe, man schielt mit einem Auge nach dem Zustand des eigenen Penis und mit dem anderen nach den Gedanken der Partnerin. Man prüft heimlich nach und fühlt, daß er noch zu schlaff ist zum Einführen. Man versucht es dann vielleicht mit geilen Phantasien, aber man hat Skrupel dabei, weil das ja eigentlich nichts mehr mit Kontakt und mit der Partnerin zu tun hat. Man verstrickt sich in ein doppelbödiges Spiel und wäre irgendwie froh, wenn jetzt das Telefon klingeln würde. Mit irgendeiner Ausrede könnte man den Hörer abnehmen und für eine Weile aus der schwierigen Situation aussteigen. Manchmal ergeben sich geile Berührungspunkte, wo kurz wieder die Hoffnung aufblitzt, aber schon ist's wieder vorbei. Die Frau, eigentlich eine Quelle der Lust, wird langsam eine Quelle ernsthafter Bedrohung (wovon sie gar nichts weiß). Trotzdem muß natürlich der schöne Schein aufrechterhalten werden. Sie liegt da, und wahrscheinlich immer noch begehrenswert, aber ich begehre nichts mehr, ich suche nur noch nach einem guten Abgang. Ich weiß, daß sie unbefriedigt geblieben ist und daß sie sich mehr erhofft hatte. Sollen wir reden miteinander? Aber worüber, ohne alles nur noch schlimmer zu machen? Also tue ich so, als wäre alles in Ordnung. Ich küsse sie, wir liegen noch eine Weile in unseren Armen, bis sie mich fragt, ob wir eine Zigarette rauchen wollen. Ich nehme dankbar an.

So oder so ähnlich spielt sich das Erleben im Inneren ab,

das wir mit dem Wort »Impotenz« bezeichnen. Man verkraftet so etwas einige Male, auch die Frau, aber es verdichtet sich langsam die Angst, daß es das nächste Mal wieder so wird. Und es ist immer die Angst, die dafür sorgt, daß das Befürchtete auch eintritt. Man fühlt sich in einem Teufelskreis, aus dem man alleine nicht mehr herauskommt. Man hätte diese Frau wirklich geliebt, es hätte eine schöne, sinnliche, vielleicht dauerhafte Freundschaft entstehen können, aber so blieb einem am Ende nichts anderes übrig, als unverrichteter Dinge wieder auseinanderzugehen. Wieviele Adieus sind schon auf solche Weise gesagt worden! Wieviele Gelegenheiten hat man auf diese Weise verpaßt! Wieviele Träume sind zerronnen unter der Übermacht jener inneren Kräfte, welche der sinnlichen Vereinigung immer und überall im Wege stehen? Die sexuelle Not liegt gleichmäßig verteilt auf beiden Seiten. Eine Frau, die fürchtet, frigide zu sein, durchläuft jedesmal dieselbe Hölle wie der impotente Mann. Sie hat nur, da sie nicht offen zu agieren braucht, andere Möglichkeiten des Verschweigens. Und wieviel muß verschwiegen werden in diesem Bereich, wo Worte nur schmerzlich wären! Auch der Frau fehlen ja in aller Regel die Erfahrungen und der Mut, um in so einer Situation hilfreich einzugreifen, zumal sie ja im sexuellen Bereich immer noch – nicht ganz zu Unrecht – den Mann als den Führenden sucht. Die sexuelle Welt ist heute aus äußeren Kulissen aufgebaut, denen kaum ein Mensch entsprechen kann. Dahinter liegt eine undurchsichtige Welt des Schweigens. Wenn es heute für die Befreiung der sinnlichen Liebe ein Losungswort gibt, dann vielleicht dies: Bringt eure Leiber zum Sprechen. Und fangt dort an, wo ihr seid.

Das Thema der Impotenz beginnt schon viel früher als im Bett. Es hat eigentlich gar nichts mit Sex zu tun, es zeigt sich dort nur am deutlichsten. Impotent sind wir eigentlich immer dann, wenn wir wegen der Gegenwart und der Blicke anderer im Inneren blockiert sind. Wer kennt nicht die prekäre Situation, im Pissoir zu stehen und nicht pissen zu können, weil sich ein anderer neben einen gestellt hat? Ist das nicht sehr interessant: Ich kann nicht pinkeln, weil andere dabei sind, die mich beobachten könnten. Das Beispiel läßt sich mühelos erweitern. Ich kann nicht essen, nicht singen, nicht tanzen usw., weil andere da sind, die mich beobachten! Es gab einen großen Kenner dieser Art von Impotenz: der französische Philosoph Jean Paul Sartre. Er hat in seinem Buch »Das Sein und das Nichts« den Satz geschrieben: »Der Blick des anderen ist der verborgene Tod meiner Möglichkeiten«. Dem allgemeinen Prinzip der Leistung entspricht ein allgemeines Prinzip der Beurteilung. So spielt sich das Leben in Gedanken immer vor dem urteilenden Richterblick anderer ab, besonders im Bett. Keiner entkommt diesem Streß, auch nicht die stattlichsten Leithammel unserer Zeit. Auch der schöne Konsul Weyer war, so hört man, eine Pflaume im Bett, und Rambo Superstar (Sylvester Stallone) mußte sich von Frauen der Gesellschaft die schlimmsten Schlappschwänzigkeiten nachsagen lassen.

Wenn der Penis klein und weich bleibt, wo er groß und fest sein sollte, da entsteht im wörtlichen Sinne der peinliche Gedanke, einer der peinlichsten überhaupt für den Mann: Du bist ein Schlappschwanz! Wenn dann noch eine Frau kommt und dieses Etikett bestätigt, ist das Unglück meist schon vorprogrammiert. Der Schmerz einer solchen Erniedrigung und Scham geht so tief, daß er oft nicht mehr ohne Alkohol bewältigt werden kann. Und nach dem Alkohol folgen dann leicht die alltäglichen Schreckenstaten unserer Zeit, die wir am nächsten Tag in der Zeitung lesen. Mit nichts ist ein Mann so sehr identifiziert wie mit seinem Penis und dessen Verhalten. Der Penis ist seine Bewährungsprobe, sein Stolz oder sein Untergang, seine Zugehörigkeit oder Nichtzugehörigkeit zum Bund der Männer, sein Verbindungsglied zur Welt der Frauen, sein Kummerkolben, sein Prüfstock, seine Meßlatte und sein Personalausweis. Denn hier entscheidet sich ja, ob wir es wollen oder nicht, das Glück oder Unglück unseres Lebens. Auch wenn wir längst eine mildernde Schicht von Humor und nachsichtiger Philosophie darüber gelegt haben.

Impotenz ist eine Denkaufgabe, denn in ihr offenbart sich eine Funktionsweise des Lebens. Man verfehlt das Ziel, weil man sich zu sehr darauf fixiert. Es ist wie beim Autofahren. Wer zu verbissen hinter dem Steuer sitzt und sich zu sehr auf den Verkehr konzentriert, wird im entscheidenden Moment vielleicht nicht die nötige Leichtigkeit haben, um richtig zu reagieren. Die entscheidenden Dinge im Leben kommen, wenn man ohne Verbissenheit auf sie eingestellt ist, fast beiläufig und wie von selbst. »Solang du nach dem Glücke jagst, bist du nicht reif zum Glücklichsein, und wären alle Dinge dein«, heißt es bei Hermann Hesse. Es gibt ein ungewöhnliches Buch über die Frage von Potenz oder Impotenz im Bereich des Bogenschießens, wo genau dieser Zusammenhang zwischen zu enger Zielfixierung und entsprechender Zielverfehlung gründlich dargestellt ist. Es ist das Buch von Herrigel über »Zen und die Kunst des Bogenschießens«. Er beschreibt hier den merkwürdigen Lehrgang, den er bei einem östlichen Zen-Meister durchlaufen mußte, ehe er in der Lage war, sein Ziel zu treffen. Er hatte sich am Anfang so auf das Spannen des Bogens, die richtige Lage des Pfeils und den richtigen Zeitpunkt des Loslassens fixiert, daß er unweigerlich danebenschoß. Erst, als er seine Absichten »vergaß«, konnte er ins Schwarze treffen.

Der Erfolg hängt oft weniger davon ab, wie sehr man sich bemüht, sondern wie weit man in der Lage ist, die Bemühung zu »vergessen«. Die Freude, die wir in einem sexuellen Kontakt genießen, kommt aus der Situation des Kontakts, nicht aus einer zweckorientierten Handlung. Wer impotent ist, befindet sich in einer Phase, wo er mit seinen Gedanken zu sehr an den einzelnen »Handgriffen« haftet und deshalb den Kontakt zum Ganzen verliert. Er tut sein Bestes, und er kann trotzdem nicht. Je mehr er sich bemüht, um so weniger klappt es. Er geht dann vielleicht zum Arzt oder in die Apotheke, um sich potenzfördernde Mittel zu holen. Und wenn er ganz fest an sie glaubt, dann wirken sie vielleicht sogar. Aber es ist wie bei den Glaubensheilungen in Lourdes: Nicht das Mittel, sondern sein Glaube hat ihm geholfen, denn durch ihn konnte er sein unbewußtes Verhaltensprogramm ändern.

Impotenz kommt meistens nicht aus einer sexuellen Schwäche, sondern aus gestauter sexueller Energie, die keinen Ausweg findet, weil sie von falschen Gedanken geleitet wird. Sie bleibt irgendwo stecken, bevor sie die Genitalien richtig erreicht hat. Oft verrennt sie sich bereits im Kopf, der dann nicht mehr in der Lage ist, dem Körper klare und einheitliche Impulse zu geben. Wenn die Kommandozentrale verwirrt ist, dann ist auch der Leib verwirrt. Wenn der Kopf widersprüchliche Informationen sendet, dann kann auch der Schwanz keine klare Entscheidung treffen. Dies wiederum beunruhigt den Kopf aufs Tiefste, wodurch in der Regel ein Teufelskreis eingeleitet wird mit dem üblichen Ergebnis eines endgültig streikenden Schwanzes. Das Problem der Impotenz löst sich meistens von selbst, wenn durch irgendeine Begebenheit oder eine Entdeckung im Bewußtsein eine andere Drehung und Richtung eingetreten ist, welche aus sich selbst heraus die Lösung bringt.

Ich liebe die Geschichte vom Elefantenbein. Ein junger indischer Elefant wird an einen Baum gebunden, damit er nicht weglaufen kann. Er klebt jeden Tag an diesem Baum, und alle Bemühungen, von ihm loszukommen, bleiben ohne Erfolg. Er überzeugt sich von der Ausweglosigkeit seiner Situation, und schließlich gewöhnt er sich an sie. Eines Tages kommt der Wärter und durchschneidet unbemerkt die Stricke. Der Elefant weiß nichts von seinem Glück und bleibt weiterhin bei seinem Baum in der Annahme, daß er gefesselt sei. Gelegentlich denkt er kurz darüber nach und überlegt, ob es nicht doch irgendwelche Methoden geben könnte, sich von der Fessel zu befreien, aber je mehr er sich auf diese Frage konzentriert, um so mehr fühlt er, wie er damit nur weitere Schlingen um sich legt. Also wird er vernünftig und gibt auf. Warum soll man nicht am Baum leben können? Er hat das ganze Thema bereits vergessen, als er plötzlich einen starken und schönen Elefanten vor sich sieht, der offensichtlich seine ungebundene Kraft genießt. Da schießt ihm ein Bild in seine Seele, sein eigenes Bild von eben dieser Kraft und dieser Freiheit. Ohne zu zögern und ohne weitere Gedanken über seine Situation, läuft er dem Freund entgegen, um ihn zu begrüßen. Der alte Zauber war einfach von ihm gefallen. Die spontane Selbstidentifikation mit dem neuen Bild war stärker als der alte Film aus der Vergangenheit. Ohne dieses Ereignis hätte er sich noch Jahre unnötig quälen und beschränken müssen. Aber das Leben, zumal das menschliche, ist voll von solchen Ereignissen. Wo unser aufgewühlter Geist in Kontakt kommt mit den stärkeren Kräften des Lebens, da gibt es immer die Möglichkeit, die Bahn zu wechseln. Da wir keine Elefanten sind, können wir diesen Wechsel gedanklich vorbereiten.

Die sexuelle Ausweglosigkeit des Organismus

Die sexuelle Energie ist ein unmittelbarer Teil der universellen Schöpfungsenergie. Sie wirkt nicht nur in den sexuellen Drüsen und Organen, sondern in den Zellen und physiologischen Abläufen des gesamten Organismus. Der gesamte Organismus, nicht nur ein Teil von ihm, ist ein sexuelles Wesen mit sexuellen Grundfunktionen, die sich nicht auf die Fortpflanzung beschränken. Aber die Fortpflanzung selbst ist ja schon so etwas wie ein biologischer Beweis dafür, daß die Sexualität am Ursprung und Anfang aller Dinge steht, aus ihr entsteht die Arterhaltung!

Jede sexuelle Störung bewirkt eine funktionelle Störung im Gesamtorganismus des Menschen einschließlich seiner intellektuellen und ethischen Funktionen. Fast jede psychosomatische Erkrankung hat einen sexuellen Hintergrund, fast immer sind dabei irgendwo sexuelle Energien blockiert und gestaut. Das hat schon Wilhelm Reich theoretisch gezeigt und in seiner ärztlichen Praxis bewiesen. Fast immer, wenn Menschen sich schwach, müde, ängstlich, unglücklich oder depressiv fühlen, befinden sie sich im Konflikt mit ihrer sexuellen Natur. Keine Diät kann die innere Balance herstellen, wenn sie nicht im Einklang steht mit der sexuellen Zirkulation, und keine Naturheilkunde kann die Schäden beseitigen, die durch sexuelle Dauerblockierungen im Organismus hervorgerufen werden, wenn sie nichts tut für die Entstauung der sexuellen Energie.

Die geistige Quelle fast aller Erkrankungen liegt in einer falschen Anwendung unserer Erkenntniskräfte auf die Bedeutung und Funktionsweise sexueller Energien im menschlichen Leben. Der Unterschied zwischen der tierischen und der menschlichen Sexualität besteht darin, daß es sich bei der menschlichen nicht nur um Fortpflanzung handelt, sondern um einen Vorgang der Transformation. Sexuelle Energien dienen der Heilung des Geistes durch »Entgrenzung« des

Leibes. **Der Mensch ist aus Gründen seiner geistigen Natur tausendmal geiler als jedes Tier.**

Sexuelle Energien (als befreite, reine Lust) sind biologische und psychische Heilkräfte ersten Ranges. Krankheit ist eine Blockade und Stauung im Kreislauf der sexuellen Energien. Die zentrale Aufgabe einer neuen Medizin, welche die alte Gedankenwelt in der Epoche des unerlösten Eros überwindet und sich unserer natürlichen »Ressourcen« und Heilkräfte zu bedienen lernt, liegt in der Entblockierung und Befreiung der sexuellen Energie. Alle Therapiezentren und Sanatorien könnten ihre Heilerfolge vervielfachen, wenn sie den Patienten Gelegenheiten zur realen Befreiung ihrer sexuellen Energien zur Verfügung stellen würden.

Ich habe in meiner therapeutischen Praxis viele Patienten gehabt, die mit chronischer Fettleibigkeit oder chronischer Dürre, mit Kropf oder Augenschwierigkeiten, mit chronischem Kopfweh oder chronischem Ausfluß, mit Unterleibsabszessen, mit Lymph– und Nierengeschichten, mit psychosomatischen Erscheinungen aller Art bis zum Krebs beladen waren. Nach anfänglichen Versuchen mit verschiedenen Methoden von Psychotherapie, Gruppentherapie, posturaler Integration usw. sah ich mich gezwungen, die Richtung meiner Arbeit grundlegend zu ändern. In allen Fällen war ich in der Zusammenarbeit mit den Patienten so deutlich auf das sexuelle Thema gestoßen, daß eine Therapie ohne bewußte Nutzung der sexuellen Energie nicht mehr sinnvoll schien. Die sexuelle Energie selbst ist eine Heilungsenergie par excellence, sie gehört zu den Selbstheilungskräften des menschlichen Organismus und kann genau in dem Umfange genutzt werden für den Heilungsprozeß, wie sie aus ihren Stauungen befreit werden kann. Heilung besteht in der sexuellen Entstauung der Organe.

Entzündungen, aktuelle und chronische, sind fast immer ein Ausdruck gestauter Energie. Gestaute Energie entsteht immer dann, wenn sexuelle Erregungen nicht auf natürliche Weise »abgeführt« werden können, weil sie mit der gängigen

Moral, mit der eigenen Angst und Scham, mit den Strukturen des Ehe– und Familienlebens etc. kollidieren. Die gestaute Sexualenergie ruft dann – durch die Umgehungs– und Vermeidungsmethoden des Betroffenen – Sekundärsymptome hervor, so daß Energiestauungen und Entzündungen auf einmal auftreten an Körperstellen, deren Zusammenhang mit der Sexualität nicht so einfach zu erraten wäre. Solche Stauungen führen zum Beispiel zu Kropfbildung im Hals, zu einem unerklärlichen Druck hinter den Augen, zu chronischer Blasenentzündung, zu Asthma und vielem anderen. Oft heftet sich der Energiestau an diejenige Körperstelle, welche gerade im Räderwerk der sexuellen Konfliktverarbeitung eine besondere Rolle spielt, vor allem auch eine symbolische Rolle: Man »kann das nicht mehr hören«, also hat man Hörstörungen. »Ich kann darüber nicht mehr nachdenken«, also hat man Kopfweh, wenn das heiße Thema bewußt oder unbewußt wieder aufkommt.

Ich habe bei chronischer Fettleibigkeit von Frauen ein Phänomen kennengelernt, das ich spontan verstanden habe. Sie hatten einen sexuellen Dauerappetit, konnten ihn aber nicht stillen und fingen ersatzweise an zu essen. Oralität und Sexualität liegen ja sehr dicht beieinander. Durch ihre Gefräßigkeit wurden sie dick, das wußten sie auch. Aber statt ihren Appetit zu zügeln, aßen sie erst recht weiter, absichtlich. Man versteht diese Haltung auf Anhieb. Wenn diese Welt oder diese Männer so beschissen sind, dann fresse ich halt! Es ist oft eine einfache, ganz verständliche und sympathische Wut, welche den Leib anschwellen läßt. Es ist aber noch viel öfter die latente Dauerwut, die ihn dürr und kantig macht. In beiden Fällen kommt die Wut und die körperliche Symptomatik aus einer chronischen sexuellen Auswegslosigkeit des Organismus.

Rudolf Steiner, der trotz seiner Unkenntis der sexuellen Zusammenhänge auf einer hohen Stufe der geistigen Wahrnehmung gearbeitet hat, hat einmal sinngemäß gesagt, Krankheit entstehe dort, wo zu viel Seele im Leib sei. Diese Aussage trifft den Kern. Durch die Ausweglosigkeit der sexuellen und psychosexuellen Energien wird der Organismus vollgepumpt mit inneren Konflikten aller Art. Die energetischen Kollisionen stehen immer im Zusammenhang mit entsprechenden Gedanken und Emotionen. Die organischen, hormonellen, vegetativen Vorgänge des Leibes kleben gewissermaßen an den entsprechenden psychischen Vorgängen und umgekehrt. Es ist ein psychophysischer Klumpatsch entstanden, der weder den Leib noch den Geist freigibt. Wo seelische und geistige Energien dergestalt im Leib absorbiert sind, da stehen sie nicht mehr zur Verfügung für ein freies Schauen der Welt, für eine freie Teilnahme an ihren Ereignissen, für Wahrnehmung, Entdeckung und Dank.

Leib und Seele gehören zusammen, und dennoch hat es für die Therapie einen Sinn, den Leib vorübergehend »von zu viel Seele zu befreien« und zu reinigen. Diese Entbindung und Befreiung geschieht im Grunde durch alle großen Gedanken, wenn sie echt sind, durch alle großen Erlebnisse und neuen Erfahrungen und vor allem durch die große Erfahrung der sinnlichen Liebe. Sie ist, genau wie die echte religiöse Erfahrung, die überlegene Kraft, welche die Kobolde hinauswirft und den Organismus zum Gleichklang bringt. Sie ist die große Heilkraft, die uns von der Natur in die Wiege gelegt worden ist.

Der menschliche Organismus unserer Zeit befindet sich fast überall in einer sexuellen Ausweglosigkeit, die er nur durch die verschiedenen Ventilbildungen in anderen Bereichen (Sport, Beruf, Kultur, Krieg usw.) verkraften kann. Das ist aber keine Heilung. Die eigentliche Heilung besteht darin, daß man für die verirrte und gestaute Sexualenergie einen positiven Ausweg schafft. Das ist natürlich niemals ein mechanischer Akt, denn es erfordert die Veränderung der inneren und äußeren Lebenssituation. Die Krebspatientinnen von Wilhelm Reich, bei denen die Sexualtherapie schon fast gelungen war, wurden immer dann rückfällig, wenn sie im realen

Außenleben keine Möglichkeit der sexuellen Erfüllung finden konnten. Die sexualtherapeutische Heilung wird unter den Bedingungen der bestehenden Gesellschaft kaum auf Dauer gelingen können; es wird trotz bester Leistung des Therapeuten bald wieder zu neuen, vielleicht an ganz anderen Organen gelegenen Symptombildungen kommen. Gelingen kann die sexuelle Entstauung und Dauerheilung des Organismus nur dann, wenn der Betroffene nach der Therapie die Möglichkeit hat, sein sexuelles Leben neu zu beginnen und aufzubauen ohne den bisherigen Zwang zu Dauerlüge und Selbstunterdrückung. Diese Aufgabe liegt nicht mehr im herkömmlichen Bereich des Arztes, ist aber die wichtigste medizinische Aufgabe unserer Zeit. Das Heilungsthema kann nicht mehr auf den herkömmlichen medizinischen Bereich beschränkt bleiben, es muß auf den viel weiteren Bereich unserer gesamten sexuellen Existenz ausgedehnt werden und für diese Existenz neue Erlebnismöglichkeiten schaffen. Wir brauchen ganz konkrete Einrichtungen, wo der Patient und jeder, der sich neu regenerieren möchte, die Möglichkeit zu einer sexuellen Erfüllung hat, die ihm das bisherige Leben nicht geben konnte. Ein einziges solches Sanktuarium der sexuellen Lust und Heilung würde zehn moderne Kliniken ersetzen.

Bin ich eigentlich attraktiv genug? Gedanken zur Frage der sexuellen Anziehungskraft

Die sexuelle Anziehungskraft ist einfach da, sie braucht nicht extra hergestellt zu werden. Im Grunde ist jede Frau für den Mann sexuell attraktiv, einfach weil sie eine Frau ist, und dasselbe gilt umgekehrt. Man sollte fast eher fragen, wodurch es eigentlich kommt, daß man die Attraktivität überhaupt verlieren kann. Aber wir brauchen dies nicht mehr zu fragen, die bisherigen Kapitel geben genügend Antwort darauf.

Wenn Frauen die Frage nach ihrer sexuellen Attraktivität stellen, dann meinen sie damit meistens ihre äußere Erscheinung, Figur, Frisur, Make up usw. Bleiben wir also zunächst beim Äußeren. Die weibliche Figur ist immer attraktiv, wenn man sie als solche deutlich erkennen kann. Weniger attraktiv ist meistens das, was Frauen unter dem Diktat von Mode und modernem Design aus ihrer Figur machen. Mit ihren ausstaffierten Schultern, ihren entgeilenden Hosenformen und ihrem coolen Blick laufen sie oft als leibhaftige Liebestöter herum. Ihre eingezogenen Taillen, die als Merkmal der Schönheit gelten, zeigen meistens, daß da kein lebendiger sexueller Strom mehr hindurchkommt, weder von unten nach oben, noch von oben nach unten. Die Bauchlosigkeit des weiblichen Schönheitsideals geht Hand in Hand mit einer gewissen mondän wirken sollenden Leblosigkeit der Gesichter. Ich weiß nicht, warum soviele Frauen diesen Jahrmarkt mitmachen, es ist ja nicht mal mehr ein Jahrmarkt der Eitelkeiten, denn wer eitel ist, möchte doch wenigstens auch hübsch sein. Ich weiß nicht, warum Frauen über 60 Kilo ihre Körper verachten. Sie wissen nicht, wie schön sie sind, und investieren oft die absurdesten Willenskräfte für jedes niedergerungene Pfund. Die schönsten Stellen, die sich gerade wie kleine Liebespolster an Hüfte, Hintern oder Beinen bilden wollten, versuchen sie mit allen Mitteln wieder zu beseitigen. Wo soll ein Mann eigentlich hinfassen, wenn nichts mehr da ist? Der Blick des Mannes auf eine Frau ist ja auch immer so etwas wie ein verlängerter Tastsinn. Eine Frau ist auf jeden Fall dann attraktiv, wenn man Lust spürt, sie anzufassen. Ich bitte deshalb alle Weiber, behaltet eure weichen Stellen und eure Rundungen, auch wenn sie ein bißchen üppig sind. Wißt, daß es viele Männer gibt, die so etwas lieben und begehren. Ein voller Frauenleib von 75 kg und einem sympathischen Gesicht darüber ist auf jeden Fall sexuell attraktiver als die leblosen Konfektionsfiguren der Mode. Ihr seid dann vielleicht nicht ganz standardgemäß für so tiefsinnige Berufe wie Fotomodell oder Mannequin, dafür aber werdet ihr im Bett ganz andere Wonnen ernten, falls ihr euch eurer Pracht nicht schämt. – Nach dieser persönlichen Geschmacksbekundung, die ich mit vielen erfahrenen Männern teile, möchte ich die Frage der Attraktivität vertiefen.

»Was ist Schönheit?« wurde Josef Beuys in einem Fernsehinterview gefragt. Er antwortete lachend: »Schönheit ist der Glanz der Wahrheit«. Mit dieser Antwort ist eine Richtung gegeben, die auch für die sexuelle Schönheit gilt. Schönheit ist nicht in erster Linie ein Inbegriff äußerer ästhetischer Merkmale, sondern der Inbegriff einer inneren Haltung. Ohne der deutschen Innerlichkeit das Wort reden zu wollen, liegt in diesem Gedanken doch eine Tatsache, die wir alle kennen. Man begegnet Menschen, die im äußeren Sinne eigentlich nicht schön sind, und doch haben sie eine unwiderstehliche sexuelle Ausstrahlung. Sie sind sinnlich anziehend, weil sie mit sich identisch sind. Sie haben das gewisse Etwas.

Eine Frau steht morgens vor dem Spiegel und macht sich schön. Sie vergleicht ihre äußere Erscheinung mit dem von ihr gewünschten Bild. Hier ein paar Falten zu viel, hier ein bißchen Kummerspeck, hier vielleicht ein paar Tränenränder, mit ein paar kosmetischen Reparaturen sind die Mängel korrigiert. Sie ist schön. Sie wird in die Stadt gehen und die Blicke spüren. Die Männer finden sie tatsächlich schön und attraktiv. Auf den ersten Blick jedenfalls. Aber reicht es auch für den zweiten, und reicht es auch, wenn es zu einem Kontakt kommt? Hat sie nicht doch einen zu dicken Hintern, zu kleine

Brüste, einen zu schwerfälligen Gang? Ihre Sorge kreist unentwegt um ihre äußere Erscheinung. Sie hat zum Beispiel eine relativ große Nase, einen »Zinken«, wie ihre boshaften Freundinnen sagen. Sie hat es sich deshalb angewöhnt, im Bett mit einem Mann immer so zu liegen, daß er nicht ihr Profil zu sehen bekommt. Durch die Sorge um ihr Äußeres ist immer ein Teil ihre Aufmerksamkeit absorbiert, ein Teil ihrer Ausstrahlung nach außen wird gleichsam verschluckt durch ihre Gewohnheit, sich mit den Blicken der anderen zu betrachten. Wenn diese Nabelschau heftiger wird, merkt sie, daß sie ihre sexuelle Ausstrahlung verliert. Ist sie dagegen frei von der Sorge, so spürt sie ihre Ausstrahlung. Sexuelle Attraktivität und Ausstrahlung hat also etwas zu tun mit dem »Freisein von sich selbst«. Wir sprechen dann von »Natürlichkeit« und »Offenheit«. Dies sind zwei Grundqualitäten eines sympathischen Menschen, die wir immer lieben. Sie reichen aber noch nicht ganz aus für dieses bestimmte Phänomen, das man »Sexappeal« nennt. Die sexuelle Resonanz scheint noch aus anderen Quellen zu kommen.

Schönheit ist nicht nur der Glanz der Wahrheit, sie ist noch mehr der Glanz der Liebe. Ein Mensch ist schön, wenn die Energie der Liebe in ihm ist. Diese Grundqualität ist auch dann sichtbar, wenn Kummerfalten und Selbstzweifel das Gesicht bedecken. Man liebt diesen Menschen, weil er selbst in seinem Wesen ein Liebender ist. Man spürt seine Herzkraft und wärmt sich daran. Auch dies ist ein Element erotischer Attraktivität, aber auch noch nicht alles.

Eine weitere Quelle der sexuellen Attraktivität ist der »authentische« Charakter eines Menschen. Wie weit ist er mit sich identisch? Wie weit macht er sich seine eigenen Gedanken und spricht seine eigenen Gefühle aus? Hier wird es heiß. Menschen mit eigener Substanz fallen auf. Sie besitzen eine unbestreitbare Anziehungskraft im geistigen und meist auch im sexuellen Bereich. Authentizität ist sexy. »Sie liebt ihn, weil er denkt«. (Mir geht es genauso bei Frauen.) Wenn die authentische Substanz eines Menschen in Resonanz kommt mit der eines anderen, entsteht auf jeden Fall eine starke Anziehung. Sartre und Simone de Beauvoir haben sich auf diese Weise verbunden.

Aber zum vollen Sexappeal gehört noch etwas. Ich möchte es als das »sinnliche Wissen« bezeichnen. Es ist das sinnliche Wissen, welches ein Gesicht, eine Gebärde, einen Wortwechsel auszeichnet, und sei es nur ahnungsweise angedeutet, und welches immer eine eigentümliche, erotische Faszination hervorruft. Man ahnt es schon bei Kindern, auch wenn das Wissen noch gar nicht in einer bewußten Form existiert, daß da etwas im Kommen ist. »Die wird mal eine«, denkt man insgeheim und meint dabei diese bestimmte, ganz dezente und intime Qualität, diese Ankündigung eines erotischen Wissens. Menschen, die sexuell attraktiv sind, Männer wie Frauen, besitzen ein erotisches Selbstbewußtsein. In allen anderen Fällen müßte man sie erst entdecken. Wenn aber dieses Selbstbewußtsein zu spüren ist, bedarf es keiner zusätzlichen Entdeckung mehr. Ein Mensch, der ohne Eitelkeit, aber mit erotischem Selbstbewußtsein zu leben versteht, strahlt jene sinnliche Feinheit aus, auf die wir immer erotisch reagieren. Die Sexualität ist ein Resonanzphänomen. Der Eros hat dort freie Bahn, wo es für ihn neben der leiblichen auch eine geistige Resonanz gibt. Die Sexualität wird durch Leiber stimuliert, aber die Weichenstellungen für oder gegen die sexuelle Anziehung liegen im Kopf. Es gibt sehr erotische Strukturen des Geistes und sehr unerotische. Der schönste Leib verblaßt, wenn darauf ein Holzkopf sitzt. Aber weit unschönere Leiber fangen zu blühen an, wenn sie gelenkt sind von einem erotischen Geist. Man erkennt die »Wissenden« an ihrer Physiognomie und an der Art, wie sie ihren Körper tragen.

Was lieben die Männer an den jungen Mädchen, die sie etwas flachköpfig »Lolita« nennen? Sie lieben diese bestimmte Verbindung von Sinnlichkeit, Unschuld und keimendem Wissen. Was lieben sie an reifen Frauen, falls diese nicht kapitulieren? Sie lieben die Verbindung von Sinnlichkeit, Natürlichkeit und Wissen. Was lieben die Frauen an Männern vor allem? Sie lieben die Verbindung von authentischem Denken, Energie und sinnlichem Wissen. Es ist immer wieder erstaunlich, wie weit sich der Körper von den zeitgemäßen Regeln der Schönheit entfernen darf, wenn er erfüllt ist von lebendigem Leben und lebendigem Geist.

Ein Appell an die Frauen

Es gibt viele Frauen, die das Glück oder das Pech haben, dem Nimbus der »schönen Frau« zu entsprechen. Sie wissen, daß sie schön sind, sie spüren die Gunst der Männer, sie nutzen diese Möglichkeit, indem sie sich verführerisch präsentieren, aber sie haben bereits schlechte Erfahrungen gemacht. Sie locken, aber sie sagen Nein, wenn jemand anbeißt. Sie steigern ihre Macht durch dieses Nein. Wenn eine Frau besonders attraktiv herumläuft, sehe ich meistens dieses Nein schon auf ihren Lippen. Es handelt sich hier offenbar um ein weibliches Gesellschaftsspiel, welches im zoologischen Garten unserer Gesellschaft immer wirkt. Je mehr eine Frau Nein sagt, um so mehr wird sie begehrt. Die Lust am Eros hat sich verwandelt in die Lust an der Macht. Solche Frauen, die wir eigentlich alle begehren, leben nicht von der Liebe, sondern von der Projektion der anderen. Die coole Macht, die sie durch die Projektionen erhalten, bewahren sie meistens so lange, wie ihre Schönheit hält. Aber Schönheit, welche Dauer hat, gründet nicht auf Macht, sondern auf Liebe. Das zeigt sich vielleicht zwanzig Jahre später, wenn die Spuren der Einsamkeit und der Enttäuschung in ihren Gesichtern sind. Das Spiel hat sich offenbar doch nicht ganz gelohnt. Trotzdem wird es schon von sehr jungen Frauen nachgeahmt. Man darf sich nicht zu erkennen geben, man muß die Männer zappeln lassen, man muß ihnen zeigen, daß man nicht so leicht zu haben ist! Hinter dieser stolzen Art der Selbstvergewaltigung steht natürlich eine falsch orientierte Männerwelt, welche tatsächlich denkt, daß eine Frau nichts wert wäre, wenn sie gleich zu haben ist. Die Frauen emanzipieren sich einfach dadurch, daß sie diesem Schwachsinn auf ihre Weise entsprechen. Frauenemanzipation verkommt dabei zu einem bloßen Gegenbild der männlichen Strukturen. Die Frau befreit sich nicht von diesen Strukturen, sondern sie versucht, ihnen komplementär zu entsprechen. Wirkliche Frauenemanzipation wäre das Gegenteil: nicht die Befolgung dieser sexual-feindlichen Strukturen, sondern ihre Durchbrechung. Man sieht, wie sich im sexuellen Netzwerk unserer Gesellschaft Strukturen entwickeln, worin sich der Eros zwangsläufig immer weiter von der Liebe entfernen muß. Sex und Liebe gehen dann zwei verschiedene Wege, die Quelle der gegenwärtigen Schizophrenie im Zusammenleben der Geschlechter. Man wird ständig mit zwei entgegengesetzten Signalen konfrontiert: »Komm!« und »Geh weg!«. Diese unauflösliche »double bind«-Situation wurde von modernen Schizophrenieforschern schon bei Kindern als die Quelle geistiger Erkrankungen erkannt. Solange diese Struktur das öffentliche erotische Leben beherrscht, kann es in der sinnlichen Liebe keinen Frieden geben. Es kann in diesem unterschwelligen Geschlechterkrieg keine Sieger geben, denn letztlich sind alle nur Opfer.

Die liebesfeindlichen Strukturen wurden von Männern gemacht, aber für ihre Überwindung braucht es die Initiative von Frauen. Die Frauen sollten auf die männliche Borniertheit nicht mit militantem Feminismus reagieren, denn auch das ist ja nur ein blindes Echo auf die Männer, sondern mit einem eigenen neuen Weg.

Ich bitte alle Frauen, die noch Lust auf Liebe haben: Wenn ihr auf einen Mann trefft, der euch gefällt, dann hört auf mit dem stereotypen Nein. Erkältet euch nicht in eurer prüden Schönheit, kommt auf den Boden und helft mit, eine schönere Möglichkeit zu schaffen. Es gibt gewiß Männer der alten Art, wo es keinen Sinn mehr hat, ihnen entgegenzukommen, weil sie jedes Ja gleich mißverstehen. Aber wenn ihr einen trefft, der euch interessiert, dann tut selber das, was ihr bei uns viel zu oft vermißt: Nehmt Kontakt auf, seid ein bißchen zudringlicher, traut euch, ladet uns ein. Wenn ihr einen begehrt, dann laßt es ihn wissen und gebt verständliche Zeichen. Wenn einer von uns schon eine Frau an seiner Seite hat, dann laßt euch dadurch nicht gleich abhalten. Niemand ist wirklich so »besetzt«, daß er nicht noch ein Auge und ein Herz frei hätte. Die

Frau an seiner Seite ist ja wie ihr. Wenn sie ihn liebt und begehrt, dann versteht sie, daß ihr denselben Wunsch habt. Dies kann kein Grund mehr sein, sich gegenseitig abzustoßen. Wir lieben uns, aber wir haben kein Eigentum aneinander, denn wir sind keine Herren und Sklaven mehr. Wenn ich von »wir« spreche, dann meine ich alle, die ebenso denken und in dieser Richtung auch handeln wollen.

Es gibt keinen Grund, mit irgendeinem Mann ins Bett zu gehen, obwohl man keine Lust dazu hat, aber es gibt auch keinen Grund, es nicht zu tun, obwohl man Lust hat. Keine Frau hat einem Mann gegenüber eine sexuelle Verpflichtung. Auch das muß aufhören. Es gibt hier überhaupt keine Pflichten. Es gibt aber auch nicht die Pflicht, sich immer gesittet und wohlanständig aufzuführen. Ein bißchen mehr »Sünde« darf schon sichtbar werden. Ich weiß, daß man dafür die richtigen Männer braucht. Wenn ich mir die Männer so ansehe, die euch an den Straßenecken anmachen, dann verstehe ich gut, daß es nicht leicht ist für eine Frau, sich da souverän durchzusetzen. Es ist eine Kunst für sich, zehnmal Nein zu sagen und trotzdem offen zu bleiben. Ich kenne die Art der Dauerbelästigung aus den Erzählungen meiner intimsten Freundinnen. Was ich aber an ihren Erzählungen so geliebt habe, war diese besondere Haltung, die sie dabei bewahren, wo ihr Nein nicht aus der Arroganz oder dem Kampf kommt, sondern aus der unglücklichen Tatsache, daß eure angebotene Solidarität vom Mann oft mißbraucht oder nicht richtig aufgenommen wird. Aber es sollte sich daraus keine grundsätzliche Männerfeindschaft ergeben und auch nicht die abschätzige Aussage: »Männer wollen alle nur das Eine.« – Das stimmt sowieso.

Leider sind die Männer, die ihr gerne hättet, meistens weniger zudringlich als die anderen. Wenn sich einer eurer Auserwählten allzu schüchtern und zurückhaltend verhält, dann helft ihm mit weicher Beharrlichkeit, seine Blockade zu überwinden. Setzt eure Verführungskünste ein, oft genügen schon kleine Zeichen. Verkrümelt euch nicht in Abwarten und Passivität. Eure schönen Formen haben wir jetzt lange genug aus der Ferne verehrt. Lange genug habt ihr die begehrlichen Blicke gespürt, die aus tausend Männeraugen auf euch gerichtet waren. Nehmt das ernst, klagt nicht darüber, verlaßt eure Unschuld. Wenn ihr wüßtet, was für eine unerlöste Sehnsucht ihr permanent in diesen Männerherzen auslöst! Wenn ihr wüßtet, wie oft die plumpe Anmache aus purer Hilflosigkeit erfolgt! Es ist nicht immer gleich eine Erniedrigung oder eine geheime Frauenverachtung, wenn einer zu aufdringlich wird oder die falschen Worte benutzt. Man kann nicht immer locker und charmant bleiben, wenn man jahrelang mit gestautem Verlangen herumlaufen mußte. Euch geht es genauso. Helft mit an einer positiven Lösung dieses Problems. Laßt uns den Schmerz der unerlösten Sehnsucht umwandeln in eine reale Möglichkeit der gemeinsamen Freude. Der Blitz, der uns trifft, wenn wir uns manchmal erblicken, kann doch nicht einfach vorüberziehen. Wir haben euch lange genug in Gedanken begattet. Jetzt helft bitte mit, daß euer Traum und unser Traum sich treffen und ins Leben kommen. Das Leben ist zu schön, um mit Ängsten und Heimlichkeiten vertan zu werden. Wir lieben eure Pracht und eure Seelen, wir lieben eure Scham und eure Schamlosigkeit, wir lieben wie ihr die Liebe und ergänzen uns gegenseitig aufs allerbeste. Ich sehe schon, wie sich unser Verlangen nacheinander in neue Gefühle der Dankbarkeit und der Treue verwandelt. Hört auf mit dem Krieg wie auch wir mit demselbigen Schluß machen werden. In Ewigkeit. Amen.

Foto: Georg Lohmann

Es geht nicht um Sex?

Es ist 1 Uhr nachts. Ich sitze hier vor meinem Zeichen-
block, fühle mich wohl und beobachte das Blinken der elek-
tronischen Uhr auf dem Fernsehgerät. Ich brauche jetzt nicht
Sex, sondern eine Zigarette (ich rauche nur nachts). Ich genie-
ße die Stunden, wo ich frei bin von dieser sexuellen Chimäre.
Ich denke jetzt, wie mancher andere denkt. Was in aller Welt
wird uns denn vorgerechnet, wenn wir irgendwann am Ende
unseres Lebens stehen? Daß wir zu wenig Sex betrieben
hätten? Draußen dreht der Mond seine Bahn, und dahinter
leuchtet ein Universum. Ich weiß nicht, woher es kommt und
wohin es geht, aber ist das nicht eine größere Wirklichkeit?
Müssen wir Menschen uns denn immer festnageln auf das,
was uns ohnehin schon viel zu fest hält und quält? Kommen
die Räume der Kunst und der Philosophie denn nur aus
Verdrängung? Ich glaube nicht, daß ich jetzt verdränge, aber
Vincent van Gogh steht mir im Moment näher als Bukowski.
Ich muß den geistigen Anker in diese anderen Gründe werfen.
Rührt mich jetzt bitte nicht an, ich brauche frische Luft. Ich
kann manchmal das Wort Sexualität nicht mehr hören, obwohl vieles wahr ist von dem, was ihr sagt. Aber der Gott, der
euren Himmel schuf, der ließ auch Eisen wachsen, um ihn
wieder zu zerschlagen. Ich kenne kein Paradies, das nicht
zerschlagen worden ist, noch ehe es fertig war. Zu oft gibt es
zum Satz den Gegensatz, als daß man so einfach auf eine
These setzen könnte. Rührt mich nicht an, ich bin noch nicht
fertig! Ich liebe selbst eine Frau und liebe sie noch heute, weil
wir uns auf anderes geeinigt haben als auf die Theorie vom
expandierenden Sex. Unsere Ehe ist kein Ghetto und kein
bloßer Verzicht auf die vielen unerreichbaren anderen Trauben. Oder glaubt ihr, es sei gelogen und nichts als gelogen,
wenn ich sage, daß wir uns immer noch lieben? Zu klug, zu
raffiniert, zu jung ist mir eure Weisheit, zu allumfassend und
zu schnell für so ein großes Ziel. Jeder Läufer muß einmal

verschnaufen und spüren, was sonst noch um ihn herum geschieht. Es geschehen beachtliche Dinge. Das Universum besteht bestimmt nicht nur aus Liebeskummer.

(Ich rede weiter in der Rolle des anderen.) Aber bleiben wir bei eurem Thema. Warum sprecht ihr immer von Sexualität und meint damit nur den genitalen Vollzug? Es gibt daneben vieles andere, was genauso schön und genauso wichtig sein kann. Jeder ist auf seiner Stufe, und wenn er alle durchlaufen hat, fängt er oft nochmal von vorne an. Als Henry Miller so alt war, daß er nicht mehr richtig konnte, da hat er eine neue Liebe zu seiner Brenda entdeckt. Er schrieb ihr tägliche Liebeserklärungen wie ein Pennäler. Seine Seele fand eine andere Füllung als in seinem genitalen »Opus Pistorum«. Aber war sie deshalb weniger wert? Viele sind ja innerlich gar nicht an einem Ort, wo sie immer möchten und begehren. Drängt sie nicht zu übereiltem Sex. Bevor die Bewegung den Schwanz erreicht, kommen das Auge, der Mund, das Herz und der Bauch. Sie alle haben ihre eigene seelische Qualität, ihr eigenes Thema und Bedürfnis. Sie alle stehen in Resonanz mit der Welt und möchten darin eine Weile verweilen. Euer Sex ist wie eine Einbahnstraße nach unten, es gibt aber auch die andere Richtung. »Zwei Seelen wohnen, ach, in meiner Brust«, sagte Goethe, »Du bist dir stets der einen nur bewußt«. Wer seid ihr, daß ihr glaubt, da eine Entscheidung treffen zu können, die für uns alle gelten soll? Ich betrachte den traditionellen Mythos unserer Kultur als eine gewachsene These und eure Theorie als eine intelligente Antithese. Glauben kann ich weder an das eine, noch an das andere.

Dann sprach er, der auch beinahe ich hätte sein können, noch über so manches andere, über die Facetten der Lust und die Emanationen der Seele. Er sprach über Troubadoure und Minnesang, über gleichgeschlechtliche Liebe und die Vielfalt des Seins, er sprach von Siddhartha und von Hermann Hesse. Offenbar war er tatsächlich bewegt von dem Geist jener Gedanken, welche jedem Urteil widerstreben, weil die Kenntnis der Dinge ein solches nicht mehr zuläßt. Er scheint mir so verwandt, daß ich mir die Kontroverse ersparen möchte. Trotzdem stehe ich woanders. Mein imaginärer Gesprächspartner hätte anders gesprochen, wenn er gemerkt hätte, wes Geistes Kind die neuen Gedanken sind. Sie sind neu, er aber glaubte, sie schon zu kennen. Er hat eine sehr kluge und sehr gepflegte Art gewählt, sich gegenüber dem Leben zu immunisieren. Auch das vielleicht ist Weisheit. Weisheit für Stoiker und Philosophen, aber nicht für Menschen, die vom Gewitter des Eros getroffen sind. Wer die Gedanken dieses Buches aufnimmt und fein hinhört, wird merken, daß die Argumente unseres Stoikers durchaus berücksichtigt sind.

Manchmal geht es wirklich nicht um Sex, auch nicht um Liebe. Es gibt innere Entscheidungssituationen von grundsätzlicher Art, wo der innere Instinkt das ganze sexuelle Thema mit Recht nur als Belästigung empfindet. Man hat es im Moment ganz einfach mit etwas anderem zu tun. Das ist keine Verdrängung und keine innere Schwindelei, sondern eine freundschaftliche Forderung der inneren Stimme, die jetzt in eine ganz andere Richtung weist. Man soll diesem ganzen Tumult um das Thema Nummer Eins nicht zum Opfer fallen. Man soll vor allem nicht denken, daß etwas bei einem nicht in Ordnung sei, wenn man gerade mit ganz anderen Dingen beschäftigt ist. Die Welt ist viel zu komplex, als daß wir uns auf dieses eine Thema festlegen könnten oder sollten, und die Lösungen entstehen ohnehin eher beiläufig als durch die gebannte Konzentration auf das angebundene Elefantenbein. Es geht um eine Botschaft der Befreiung, nicht der neuen Fixierung, und der kürzeste Weg zur Lösung eines Problems ist oft der Umweg.

Die Leserinnen und Leser, die sich bedrängt fühlen durch so viel Sexualität, mögen bitte in Erwägung ziehen, daß ich nicht aus einem einfachen Mangel an Erfahrung, sondern gerade aus der Ganzheit meiner Erfahrung gezwungen bin, das Thema Sexualität so sehr in den Mittelpunkt zu stellen.

Ich weiß, daß viele Menschen von dem Thema im Moment nicht so betroffen sind wie viele andere. Man soll hier keine Vergleiche anstellen und sich nicht persönlich messen an den Sollwerten einer neuen sexuellen Theorie. Ich will keine neuen Sollwerte errichten, sondern der Verständigung dienen. Für viele ist in ihrer gegenwärtigen Lebenssituation die Frage der Liebe wichtiger als die Frage der Sexualität. Sie mögen aus den Gedanken dieses Buches einfach das herausgreifen, womit sie produktiv arbeiten können. Es ist eine unnötige Gewohnheit unseres Geistes, Dinge, die uns nicht gleich entsprechen, sofort als kontrovers zu betrachten. Die Aussagen eines Gedankenganges für sexuellen Humanismus werden dabei nicht als ein Wink für die eigenen Möglichkeiten gesehen, sondern als eine Gefahr, vor der man sich schützen muß. Im eingefleischten Pflichtbewußtsein unseres eingebauten Roboters wird selbst die Befreiung zum Zwang.

Wer gerade in der Liebe nicht weiterkommt, soll sich bitte darüber keine zusätzlichen Sorgen machen. Wenn wir mit dem Leben erst anfangen könnten, wenn die Sehnsüchte erfüllt sind, kämen wir wahrscheinlich nie zum Leben. Die Sicherheit in Liebesdingen entsteht manchmal einfach dadurch, daß man die Aufgabe sieht und annimmt, die einem im gegebenen Netzwerk der Menschen zugetragen wird. Jeder Mensch erzeugt durch seine Lebenstätigkeit oder seinen Beruf eine von selbst entstehende Organisation seiner mitmenschlichen Beziehungen, welche, wenn er sinnvoll handelt, seine geistigen und sexuellen Liebeskräfte weckt. Wer sein Thema findet im Leben, der findet auch die Liebe. Sexuelle Attraktivität entwickelt sich manchmal von selbst, wenn man sich am wenigsten um sie kümmert.

TEIL III

URSCHMERZ UND EIFERSUCHT

Foto: Achim Ecker

Der Urschmerz

Was geschieht in der Seele eines einjährigen Kindes, wenn es von seinen Eltern irgendwo bei fremden Pflegeeltern abgesetzt wird? Was heißt es für ein Kind, verlassen zu werden? Ich will es kurz machen, das Thema des Urschmerzes ist zu grausam, als daß wir lange dabei verweilen könnten. Wir alle haben irgendwann in dieser oder einer früheren Lebensgeschichte solche ungeheuerlichen Trennungsschmerzen, meist schon als Kind, erlebt, daß wir bis ins Mark davon geprägt sind. Wäre es nicht so, so gäbe es bestimmt auch keine Eifersucht. Die Raserei, in die wir als Erwachsene geraten, ist wie eine dunkle Reminiszenz an das Trauma der Vergangenheit. Der erste Urschmerz, der vom Menschen erfahren wird, ist sicher das Alleingelassensein. – Es gibt noch andere Urschmerzen, zum Beispiel sinnlose Bestrafungen für Dinge, die wir schuldlos begangen haben. Der geschichtliche Mensch hat in seinem Kampf gegen Liebe, Sex und Wahrheit eine solche innere Verletzbarkeit entwickelt, daß er nicht mehr aufhören konnte, die Verletzung an andere weiterzugeben. Eine Spirale des Schmerzes, des Verletztseins und des Verletzens wurde von Generation zu Generation, von Eltern an die Kinder weitergegeben. Oft ohne Wissen der Eltern. Haben denn die Eltern aller Kinder gewußt, was sie ihnen antun, wenn sie deren Liebesannäherungen ignorieren oder züchtigen? Weiß denn eine Mutter heute, wie sehr sie von ihrem dreijährigen Sohn verehrt und begehrt wird? Weiß denn ein Papa, wie sehr er für sein Kind Vorbild und Halbgott ist und wie sehr deshalb seine Handlungen hineinwirken in das Leben des Kindes? Sie wissen in den meisten Fällen nichts davon, weil sie entweder selbst so hart erzogen worden sind oder weil sie so verstrickt sind in ihre eigenen ungelösten Probleme, daß sie nichts mehr wahrnehmen können. Wir brauchen für die Entstehung des Urschmerzes keine besondere Theorie aufzustellen. Es genügt, wenn wir zur Kenntnis nehmen, was bisher und bis heute mit Kindern geschieht in unzähligen Familien. Die unglaublichen und an Zahl absolut ungeheuerlichen Kindesmißhandlungen sind nur die Spitze des Eisbergs. Und dies alles in einem wohlsituierten Land wie Deutschland, dies alles im freien Westen. Kindesmißhandlungen sind eine offene, sichtbare Verletzung des Kindes. Das traumatische Erlebnis, das mit dem Urschmerz verbunden ist, kommt aber noch viel öfter durch eine latente, dauerhafte Mißachtung des Kindes durch Gleichgültigkeit und emotionellen Entzug, durch konsumistische Abfütterung und dergleichen. Unsere Brave New World hat ihre eigenen Methoden entwickelt, um Kinder auf »sanftem Wege« für immer zu brandmarken.

Wer den Urschmerz erfahren hat, egal ob in der Kindheit oder später, versucht mit allen Mitteln, ihm zu entkommen und ihm nie mehr zu begegnen. Er wird instinktiv alle Situationen, alle Menschen und alle Ereignisse zu vermeiden versuchen, welche ihn an das Entsetzliche erinnern könnten. Er baut – ähnlich wie die befallene Stelle bei der Tuberkulose – einen Schutzwall um seine Wunde, damit niemand mehr daran rühren kann. Da diese Wunde fast immer im Bereich von Liebe und Sexualität empfangen wurde, liegt auch hier meistens der Schutzwall und die Vermeidungsstrategie der Betroffenen. Man hat einmal geliebt, aber man wurde dabei so fürchterlich betrogen, enttäuscht oder bestraft, daß man sich nie mehr auf so eine Liebe einläßt. Dieser Schwur gegen die Liebe geschieht tatsächlich oft schon in früher Kindheit. Man muß die Gesichter von Zweijährigen gesehen haben, wenn sie sich ungerecht behandelt fühlen oder wenn sie die Welt der Erwachsenen nicht mehr verstehen können. Was für eine Macht der Verzweiflung – aber auch was für eine Macht des Willens steckt darin! Da werden Rachepläne geschmiedet in einem Alter, wo sich die Erwachsenen noch am süßen Stupsnäschen erfreuen. Wir sind, da wir alle aus ähnlichen, liebesfeindlichen Strukturen stammen, alle irgendwie gebrannte Kinder, und alle sind wir in der Liebe ganz besonders gebrannt. Wo das Vertrauen eines Kindes auf die Gleichgültigkeit oder Geistesabwesenheit von Erwachsenen trifft, da entstehen immer Brüche in der Liebesentwicklung, die so leicht nicht mehr zu heilen sind. Es prägen sich die sogenannten traumatischen Muster ein. Sie gelten für die meisten ein Leben lang und heißen etwa so: Sei vorsichtig, wenn du liebst. Laß dich nicht ein, denn wahrscheinlich wirst du doch betrogen oder verlassen. Es entsteht im Unterbewußten ein verhängnisvoller Film, der sich zusammensetzt aus Liebe, Verlustangst und Rache. Aus diesem grausamen Film ist die Liebeswelt unserer Gesellschaft bis heute mehr oder weniger zusammengesetzt.

Es ist mehr als verständlich, wenn sehr viele Menschen sich unter diesen Bedingungen auf das Abenteuer der Liebe und des Eros erst gar nicht mehr einlassen. Sie wählen bestimmte Vermeidungsstrategien, mit denen sie ihr Lebensschiff intelligent um die Klippen der Liebe herummanövrieren. Sie wählen zum Beispiel einen Lebenspartner, den sie eigentlich nicht lieben und auch nicht sexuell begehren, der ihnen aber doch genügend Aktionsraum bietet, um nicht ganz zu veröden. Oder sie entwickeln eine hohe Sittlichkeit des Gebens und Pflegens gegenüber anderen, weil sie selbst ganz darauf verzichtet haben, zu empfangen (da ihr größter Wunsch ohnehin nicht in Erfüllung gehen kann). Oder sie fluchen von vornherein auf alles, was sie eigentlich lieben. Das ist heute offenbar eine besonders beliebte Methode. Ich habe sie am eigenen Leib erfahren und sehe sie auch bei anderen: Je mehr die Leute einen lieben und verehren, um so mehr sehen sie sich genötigt, ihn zu beschimpfen. Kontaktaufnahme durch Ablehnung ist das Motiv dieser rätselhaften Methode. Man könnte lange fortfahren mit der Aufzählung dieser merkwürdigen Dinge. Ich habe in marxistischen Kreisen, in denen ich sieben Jahre lang gearbeitet und mitgedacht habe, den Verdacht nicht abschütteln können, daß viele der Genossen in dieser politischen Arbeit einen Schutz suchen vor ihrem eigenen Liebesproblem. Ich habe nach und nach gemerkt, daß es vielen eigentlich egal ist, in welcher Partei sie arbeiten. Ob Rot oder Grün oder Braun oder Schwarz, die Farben waren fast austauschbar wie das Hemd, solange der innere Schmerz nicht beruhigt war. Es ist ungeheuer, wie sehr wir geprägt sind von den seelischen Verwundungen der Vergangenheit. Und wir werden erst eine positive Erneuerung schaffen können, wenn wir diese Zusammenhänge sehen und ihre Wahrheit anerkennen. Das ist eigentlich einfach, denn jeder sieht ja die Zusammenhänge, wenn er bereit ist, hinzuschauen. Aber eben das ist es ja: Er muß bereit sein, da hinzuschauen. Er wird diese Bereitschaft aber erst haben, wenn er glauben kann, daß sich dann eine positive Auflösung und Veränderung ergibt. Solange da nichts in Sicht ist, wird er weitermachen wie bisher. Aber wer, wenn nicht er selbst, soll denn anfangen mit der Erlösung aus diesem ewigen Bann? Warten heute immer noch alle auf den Messias? Nein, sie warten nicht mehr, sie haben die Glieder bereits gestreckt. Und sie hassen alle, die doch noch Hoffnung haben. Ulrich Horstmann hätte ein so schönes Prophetenwort für sie alle gesprochen in seinem Buch »Das Untier«, wenn es nicht diese wenigen Kontradiktoren noch gäbe, die immer noch darauf versessen sind, das Leben zu lieben, die Liebe zu schützen und den Kindern eine schönere Heimat zu geben. Solange es diese Menschen gibt, solange gibt es auch eine Auflösung für den Urschmerz. Denn der innere Film, der aus der Vergangenheit kommt, braucht seine eigene Nahrung, um weiterzuleben. Unter menschlichen Bedingungen, die neu sind, weil Liebe nicht mehr bestraft und mit Verlassenheit bedroht wird, hat er keine Nahrung mehr und wird nach einiger Zeit von selbst erlöschen.

Die Vergangenheit ist vorbei. Die Fortsetzung des Urschmerzes und seine Wiederbelebung in den aktuellen Liebesbeziehungen ist eine ewige Reproduktion der Vergangenheit. Ob die Menschheit heute weiterkommt oder untergeht, hängt nicht ab von ihren politischen oder religiösen Bekenntnissen, sondern davon, ob die Bewußtesten und Engagiertesten diesen inneren Teufelskreis durchschauen und durchbrechen.

Neu wird das Leben erst, wenn es befreit ist vom unbewußten Trauma der Vergangenheit und wenn wir Strukturen der erkennenden Liebe schaffen, in denen die Ursachen des Traumas beseitigt sind. Therapie heute ist nicht mehr nur die Auflösung des traumatischen Knotens, sondern immer auch die Arbeit an neuen Strukturen und neuen Möglichkeiten für eine Liebe ohne Angst und ein Leben ohne Lüge.

Was ist Eifersucht und woher kommt sie?

Aus dem Urschmerz der Verlassenheit geht eine psychische Struktur hervor, die meistens auch im Erwachsenenalter nicht überwunden werden kann: Jedes Liebeserlebnis und jede neue Bindung, die man trotz der traumatischen Erfahrung eingehen möchte, ist innerlich verbunden mit der Angst vor Trennung und neuer Verlassenheit. Liebe und Trennungsangst sind fast unauflöslich miteinander verbunden. Aus dieser Verbindung ergibt sich immer die Eifersucht. Wo Liebe mit Trennungsangst verbunden ist, werden die beiden Partner sich einen Treueschwur leisten, um die Bindung zu sichern, und sie werden sich dann gegenseitig überwachen, ob das Versprechen auch eingehalten wird. In der Zeitung findet man immer wieder kleine Nachrichten über die Folgen solcher Treueverhältnisse. In Frankreich hat ein junger Mann seine Freundin erschossen. Sie hatten sich vor fünf Jahren kennengelernt und sich geschworen, sich nicht mehr zu verlassen. Wenn doch einer den anderen verläßt, soll der andere ihn töten. Ich glaube, wir alle verstehen auf der Stelle, was da innerlich ablief.

Die Eifersucht tritt, wo sie echt ist, auf wie eine Naturgewalt. Sie überfällt zunächst einmal den ganzen Organismus und füllt ihn mit Angst, mit panischer Lähmung. Die Eifersucht tritt als organisches Phänomen in Erscheinung! Das zeigt, wie tief sie sitzt. Wir haben es hier zweifellos mit einem Grundthema im Kernbereich des Lebens zu tun, gewissermaßen mit dem ABC unseres Organismus. Die Liebe ohne Eifersucht zu buchstabieren heißt: das Leben neu zu buchstabieren.

Es hat wenig Sinn, das Ereignis der Eifersucht zu verdrängen oder zu verleugnen, sie meldet sich ja doch, wenn es um Liebe geht oder um wirklichen Sex. Angesichts des inneren Sturmes, der sich da erhebt, haben die Gedanken der freien

Liebe oft noch wenig Macht. Man bedenke, daß der Sturm der Eifersucht schon seit Jahrtausenden weht, der Gedanke der freien Liebe aber erst seit wenigen Jahren. Es kann also nicht darum gehen, mit dem letzten Aufgebot von Tapferkeit die Eifersucht in sich auszurotten, denn ausgerottet wird dabei wahrscheinlich auch die Liebe. Es muß aber darum gehen, die Zusammenhänge der Eifersucht zu erkennen und schließlich zu überwinden. Es muß darum gehen, denn das Schicksal von Kindern, die Generation für Generation unter den Bedingungen der Eifersuchtskultur aufwachsen, darf nicht länger fortgesetzt werden. Es wird auf Erden erst Frieden geben können, wenn der Krieg in der Liebe zu Ende ist.

Für jeden, der einmal echt verknallt war (das gilt alles für beide Geschlechter), hat die Eifersucht einen sehr hautnahen, mehr als verständlichen Grund. Man könnte es nicht ertragen, das Glück, das da auf einen zugekommen ist, wieder zu verlieren. Für einen Achtzehnjährigen, der eben die intime Freundschaft eines Mädchens gefunden hat, ist dieser Fund die Welt, und er würde eine Welt dafür geben, um sie ganz für sich zu gewinnen. Wenn er den Schatz dann hat, beginnt das Drama. In der tapferen Verteidigung und Umklammerung des gefundenen Schatzes regt sich die Angst, man könnte ihn wieder verlieren. Das wäre im Moment schlimmer als alles andere. Also klammert man noch mehr. Je mehr man klammert, um so berechtigter wird aber die Angst, denn man hat bereits damit begonnen, den anderen und seine Liebe zu ersticken. Es ist ein Teufelskreis bis zum bitteren Ende. Das bittere Ende besteht entweder in einer dramatischen Trennung oder im Erlöschen aller Liebesimpulse oder in einer Gewalttat. Wieviele Tränen sind schon geweint worden, weil Liebende aus einem falschen Gefühl von verletztem Stolz glaubten, sich trennen zu müssen, obwohl sie sich eigentlich gar nicht trennen wollten; und wieviel anfängliche Glückseligkeit liegt vergraben und verstaubt in den Briefen alter Schubladen!

Eifersucht ist die Tragödie unserer Kultur. Die Trennungsangst wird unter den gegebenen Bedingungen immer neue Nahrung finden. Die Bindung, auf die man alles gesetzt hat, kann nicht aufrechterhalten werden. Aus drei Gründen: Erstens richten die beiden Liebenden am Anfang ihrer Liebe ein solches Übermaß von Hoffnung und Erwartung aufeinander, daß sie beide daran scheitern müssen, denn kein Mensch kann allein solche Hoffnungen eines anderen Menschen erfüllen. Zweitens ist unsere Gesellschaft nach den Prinzipien von Profit und Konkurrenz aufgebaut und nicht nach den Prinzipien der Liebe. Die beiden werden sich aber mit der Gesellschaft arrangieren müssen und dabei automatisch ihre liebesfeindlichen Strukturen in sich aufnehmen. Drittens ist die Liebe in unserer Kultur beherrscht von einem falschen Liebesgedanken, an dem sie immer scheitern wird, falls er nicht verlassen wird. Zu diesem fatalen Liebesgedanken gehört die Aufteilung der menschlichen Welt in Zweierpakete, die Privatisierung der Liebe im Bunde zweier Menschen, die Ausschließung Dritter und das entsprechende Recht auf Eifersucht und Rache im Falle der Regelverletzung.

Eifersucht ist zwar eine ganz persönliche Erfahrung, aber sie ist auch mehr als das. Fast könnte man sagen: Sie ist ein tief eingefleischter Gedanke. Sie gehört zu einem alten mythologischen Bild der Liebe, ebenso wie die Ehe und der Begriff der ehelichen Treue. Dieses Bild entstammt – sowohl in der Entwicklung des Einzelnen wie auch in der menschlichen Gattungsgeschichte – einer kindlich-mythologischen Schicht der Seele, welche unter miserablen äußeren Bedingungen, nämlich den Bedingungen der Gewalt und der Angst, ihre Ausdrucksform entwickelte. In der individuellen Entwicklung entsteht dieses Bild meistens schon in der frühen Kindheit als Folge einer Familiensituation, wo die Liebe schon früh mit der Gefahr des Verlassenwerdens verbunden ist. In der Geschichte entstand es mit der Herauslösung des Einzelmenschen aus den kollektiven Gattungs- und Naturzusammenhängen, etwa 3000 – 1000 v. Chr. In beiden Fällen handelt es sich um den Verlust einer früheren Geborgenheit. In jener geschichtlichen Zeit entwickelte sich die männliche Mythologie der Liebe, zu welcher der verborgene Schatz gehört und der Drachenkampf, ewiger Schwur und tödliche Rivalenkämpfe, der Mann als Retter der Frau, Vereinigung bis zum Tod. Wir sind heute noch leicht in der Lage, uns in diese Urbilder unserer Kultur hineinzuversetzen, denn wir alle tragen sie als archetypische Reste noch in uns. Die psychischen Strukturen der Vergangenheit liegen in uns wie Sedimentgestein.

Jede Zeit und jede Gesellschaft hat ihre zentralen Gedanken, die zu ihrem geistigen Grundbestand gehören. Diese geistigen »Paradigmen« entscheiden über Glück oder Unglück ihrer Mitglieder. So hat zum Beispiel der Grundgedanke eines strafenden Gottes in der jüdischen und christlichen Kultur eine allgemeine, fast biologische Angst erzeugt, die heute noch in uns allen zellulär wirksam ist und weder mit religiösen noch mit therapeutischen Mitteln bewältigt werden kann. Zu solchen schicksalprägenden Grundgedanken gehört auch der alte Liebesmythos und der Glaube, daß Liebe untrennbar mit Eifersucht verbunden sei. Es ist der falscheste aller Gedanken, denn er ist in sich ein Widerspruch. Eifersucht gehört nicht zur Liebe, sondern verhindert sie. Eifersucht ist der Tod der Liebe.

Solange das alte Sakrament der Ehe mit seinem viel zu engen Begriff der Treue in unserer Seele waltet, solange wird auch die Eifersucht walten und wüten. Solange wird keine gewaltfreie Erde, kein Geschlechterfriede, kein Sexpeace und keine dauerhafte Liebe entstehen können, weder zwischen Liebenden noch als Ferment der Gesamtkultur. Nichts hat unsere Erde ökologisch, menschlich und militärisch so verwüstet wie der tödliche Steuermechanismus des falschen Liebesbildes. Nichts hat die Menschen mehr in den Irrtum, in Einsamkeit und Verzweiflung, in Hoffnungslosigkeit und Zynismus getrieben als ihr falsches Liebesbild. Und nichts hat mehr seelische und organische Krankheiten erzeugt als das ewige Warten auf eine Erfüllung, die unter diesen Umständen nirgends zu finden war. Und so müßte auch hinter den Diagnosen fast aller psychosomatischen Erkrankungen das Wort stehen: erkrankt an unlösbarem Liebeskummer, entstanden durch ein falsches Bild der Liebe.

Zum Thema »Eifersucht und Rivalenkampf« muß ich noch kurz auf ein Argument eingehen, das in diesem Zusammenhang immer vorgebracht wird: Sexuelle Rivalenkämpfe gibt es doch schon bei Tieren. Hirsche, Wölfe, Paviane und andere kämpfen doch mit erbarmungsloser Wildheit um den ersten Platz bei der auserwählten Braut! Das Argument stimmt als Tatsachenbeschreibung. Aber kann es wirklich ein Argument sein für die Aufrechterhaltung dieses Gesetzes auch beim Menschen, auch heute noch? Wenn wir die Gesetze unseres eigenen Verhaltens in dieser Weise an unsere Evolution in der Vergangenheit binden, bleibt wenig Raum für eine geistige Weiterentwicklung. Die Evolution ist ja noch lange nicht zu Ende. Wenn wir heute weiterkommen wollen, können wir uns nicht auf das berufen, was früher einmal war. Die Zeit der Rivalenkämpfe ist evolutionär überholt. Wir sind heute in der Lage, mit Hilfe unseres Denkorgans humanere Strukturen zu schaffen.

Wir stehen heute, wenn wir die zeitgeschichtlichen Wandlungsvorgänge des kollektiven Unbewußten richtig erfassen, an einer faszinierenden historischen Schwelle zu sehr neuen Ufern: am Übergang vom träumenden Bewußtsein zum Wachbewußtsein, von der mythologischen zur erkennenden Liebe, von der Grundfigur der Ehe zum Sakrament der freien Liebe. Jeder kann die Eifersucht verlassen, wenn er will und wenn er weiß, wie man so etwas macht, ohne dabei die Liebe zu verlassen.

Diese Worte klingen sehr kurz und lapidar. Ich will ihnen trotzdem an dieser Stelle nichts hinzufügen. Es gibt kein Rezept. Es gibt nur ein wachsendes Begreifen dessen, was ich als »erkennende Liebe« bezeichne. Dazu gehört vor allem die geistige Aufnahme des folgenden Abschnitts. Auch der spätere Abschnitt über die Treue gehört in diesen Zusammenhang.

Gehört Asthma zum Atmen?

Der Glaube an die Eifersucht wird scheinbar bestätigt durch alle Erfahrungen der alltäglichen Welt. Mord aus Eifersucht ist eines der häufigsten Motive und findet vor jedem Gericht wohlwollendes Verständnis. Die Erde ist voll von dieser Raserei. Eifersucht bis zum Äußersten gilt geradezu als Beweis für die Ehrlichkeit einer Liebe. Trotzdem ist sie – aus genügendem geistigen Abstand betrachtet – nichts anderes als eine infantile Durchgangsphase der Liebe, die nur deshalb meist so lange dauert, weil die Menschen in ihr steckenbleiben. Bevor die Eifersucht in der geschichtlichen Seelenentwicklung des Menschen entstanden ist, herrschten mit Sicherheit andere Strukturen der Liebe; und wenn sie einmal wieder verschwunden sein wird von der Bühne, dann wird man sie sich nicht einmal mehr vorstellen können. Was in einer bestimmten Epoche gang und gäbe ist, kann schon in der nächsten wie eine unfaßliche Verirrung der Vergangenheit erscheinen.

Gehört Asthma zum Atmen? Ja, unter ganz bestimmten Bedingungen. Ansonsten erscheint die Frage absurd. Sie ist aber nicht absurder als die andere, ob die Eifersucht zur Liebe gehöre. Asthma gehört eigentlich nicht zum Atmen. Aber sagt das mal einer Kultur von Asthmatikern! Angesichts der allgemeinen Luftverschmutzung und Herzverengung ist das Beispiel gar nicht so weit hergeholt. Nehmen wir einmal an, wir lebten seit Jahrtausenden in einer Kultur von Asthmatikern, die nie etwas anderes kannten. Asthma und Atmen gehören für sie untrennbar zusammen. Sie können das Asthma nur beenden, indem sie zu atmen aufhören. Dann allerdings sterben sie. Deshalb glauben sie, daß es Erlösung nur im Jenseits gibt.
Wer sagt, daß Atmen ohne Asthma möglich oder gar erstrebenswert sei, gilt als Träumer oder als Ideologe. Wenn

andere dem Glauben schenken, gilt er als Sektenführer. Wer im Varieté auftreten und eine neue Methode der Atmung ohne Asthma vorführen würde, würde wegen seiner paranormalen Fähigkeiten bestaunt oder gar als Messias verehrt. Wer aber ernsthaft anfangen würde, eine Kultur ohne Asthma vorzubereiten, der würde als Gefahr für den gesunden Volkskörper empfunden und ausgesondert wie die Möwe Jonathan. Seine Freunde würden zu ihm sagen, er solle doch wenigstens die Argumente der anderen zur Kenntnis nehmen, so viele Asthmatiker könnten doch nicht einfach irren. Wenn die Sache dann doch weitere Kreise zieht, dann würde in den Städten, in den Wohngemeinschaften und den New-Age-Gruppen eine allgemeine Diskussion beginnen, ob Atmen ohne Asthma möglich sei oder nicht. Und die Aufgeklärtesten unter ihnen würden sagen: »Man muß die Sache nicht ideologisch, sondern empirisch sehen... Also was haben wir empirisch... Hundert Millionen Asthmatiker, zwei davon mit gelegentlichen Anfällen von asthmafreiem Atmen... die Sache scheint uns klar, es gibt keine gesicherten Anhaltspunkte dafür, daß Atmen ohne Asthma möglich ist (außer vielleicht unter besonderen Psi-Einflüssen); wir müssen diese These leider in den Bereich des Wunschdenkens verweisen; wir vermuten, daß diejenigen, welche die These aufgestellt haben, selbst aufgrund ihrer ungelösten neurotischen Strukturen nicht in der Lage waren, ein gesundes und erfülltes Leben mit Asthma zu führen!« Die Philosophen und Priester der asthmatischen Kultur geben dieser wissenschaftlichen Einsicht schließlich ihre letzte Weihe. Sie erheben ihre Stimme und verkünden uns folgendes: »Asthma gehört zum Atmen wie das Wort zum Gedanken. Der Sinn unseres Lebens liegt darin, diese weisheitsvollen Gesetze der Schöpfung dankbar zu akzeptieren und zu befolgen.« Also lebten die Asthmatiker Generation für Generation getreu nach ihren Grundsätzen, bis sie schließlich an Sauerstoffmangel zugrunde gingen – genau wie die vorhergehende Kultur der Eifersucht an Liebesmangel zugrundegegangen war.

161

Der Grundwiderspruch in der Liebe

Die Liebe scheiterte bisher an ihrem inneren Widerspruch von Form und Inhalt. Ihre Form war die Ehe, die Zweierbeziehung und die Ausschließung Dritter. Ihr Inhalt aber, ihre menschliche und sexuelle Energie, ihr inneres Glück, ihre Quelle und ihr Ziel, läßt sich nicht an einen einzigen Menschen binden, denn sie ist auf Mitteilung, auf Weitergabe und auf Expansion angewiesen. Man hat das Glück in einen Käfig gesperrt, in den es auf Dauer nicht hineinpaßt, weil es seiner Natur nach in keinen Käfig hineinpaßt, sondern gerade dazu da ist, alle Käfige zu sprengen. So wird es auch hier den Käfig sprengen, oder es wird verwelken. Die Liebe der Geschlechter, auch die Zweierliebe, braucht die freie Liebe, um wachsen zu können. Was meistens mit der Zweierliebe beginnt, diese Macht des Glückes und der Erneuerung, ist eigentlich nicht die Privatsache zweier Menschen, sondern der Eintritt des Menschen in eine neue Sphäre der Welt und der Beziehung überhaupt. Es mag hochtrabend klingen, aber es ist so: Die Geschlechterliebe ist die beginnende reale Transformation des Menschen, d.h. sein Übergang von einem abgeschlossenen und privaten Dasein in ein offeneres und allgemeineres. Durch Ehevertrag und alles Folgende geschieht aber genau das Gegenteil: Man privatisiert das Glück, zieht sich in sein kleines Paradies zurück und versucht, es gut zu verschließen. Auf diese Weise wird die Transformationskraft, die in der Liebe steckt, seit eh und je blockiert. Die Liebe kann ihr Ziel nicht erreichen. Jede Generation muß wieder von vorne anfangen, und jede bleibt in dem gleichen Widerspruch stecken, solange der nicht erkannt und aufgehoben ist. **Die Liebe, die zwischen zwei Menschen entsteht, muß immer über sie hinausgehen, um zwischen ihnen lebendig zu bleiben.** Das gilt für die sexuelle Liebe, für die seelische Liebe und für die geistige Liebe.

Teilhard de Chardin schreibt dazu in seiner »Hymne an

162

das Weibliche« einige Sätze, die ich wegen ihrer Schönheit und ihrer fundamentalen Wahrheit hier nicht unterschlagen kann. Er legt der weiblichen Göttin, nach der alle suchen, sei es Helena oder die Feenkönigin bei Nizami, folgende Worte in den Mund:

> *»Wenn der Mann ein Weib liebt, bildet er sich zuerst ein, seine Liebe wende sich bloß an ein Einzelnes, das ihm gleich ist, das er in seinen Machtbereich einbezieht und sich frei zugesellt.*
>
> *Wohl bemerkt er dabei, indem er mein Antlitz zum Schimmern bringt, ein gewisses Strahlen, das sein Herz in Rührung versetzt und alle Dinge erleuchtet...*
>
> *Bald jedoch wundert er sich über die Gewaltsamkeit, die sich in ihm entfesselt, wenn ich herannahe, und er stellt fest, daß er mit mir nicht auskommen kann, ohne unvermeidlich, als Diener eines allgemeinen Schöpfungswerkes, in Beschlag genommen zu sein.*
>
> *Er meinte, neben sich eine Gefährtin zu finden: und nun merkt er, daß er in mir die große verborgene Kraft angerührt hat, die geheimnisvolle Latenz – die unter dieser Gestalt auf ihn zutrat, um ihn mitfortzuziehen.*
>
> *Wer mich gefunden hat, steht am Eingang zu allen Dingen...*
>
> *Als er begriff, daß ich die Welt für ihn bin, meinte er, mich in seine Arme einkreisen zu können.*
>
> *Mit mir zusammen wollte er sich in eine geschlossene Welt einsperren, in der wir zwei einander genügen könnten. In eben diesem Augenblick habe ich mich unter seinen Händen zersetzt...«*

Man muß wohl diese Stelle ein paarmal lesen, um sie ganz aufzunehmen. Die Frau, die hier stellvertretend für die Liebe spricht, beginnt sich zu zersetzen, als der Mann sie in seine geschlossene private Hütte bringen möchte. Die Geschlechterliebe, von ihrer Größe und Bedeutung her eigentlich auf das Ausmaß einer Welt ausgerichtet, soll zurückgestutzt werden auf das private Glück zweier Menschen. Der Mensch selbst, der eben diese Quelle der Grenzerweiterung gefunden hat, diesen Eintritt in die Welt, will sofort einen Zaun um die Quelle bauen, damit sie nur für ihn da ist. Hier liegt ein so quälender Irrtum in der Handlung und im Geist des Menschen, daß unsere Sprache nicht ausreicht, ihn angemessen zu benennen. Die Liebe ist frei, sie kann nicht eingesperrt werden. Auch die schönste Frau ist frei, sie kann nicht von einem einzigen Mann privatisiert werden, und sei der Mann noch so gut. Die Privatisierung des Liebespartners, wie sie in der gewöhnlichen Liebesbeziehung und in der Ehe immer geschieht, ist ein Raub an der Welt. (Das Wort »privat« kommt von dem lateinischen Wort »privare«. Es bedeutet »berauben«.)

Man muß in der Lage sein, dies sehen zu können und dies zu wissen, um die Gewalttätigkeit zu verstehen, die latent in jeder Liebesbeziehung steckt, welche vor und hinter sich den Riegel zumacht. Es kann in der Welt keinen Frieden geben, solange in der Liebe Krieg ist. Mehr kann mit Worten nicht gesagt werden.

TEIL IV

BEFREIUNG DES EROS

Foto: Birger Bumb

Ein Weltprozeß der entstehenden Liebe

Das Schicksal der unerfüllten Liebe ist ein Einzelschicksal, aber aus der Gesamtzahl solcher Einzelschicksale setzt sich unsere Welt zusammen. Die Welt befindet sich – gelinde gesagt – im Liebeskummer. Da helfen keine äußeren Reparaturen mehr und keine vereinzelten Schwüre. Da hilft nur eine neue Erkenntnis und Information, welche bis in die Zellen wirkt. Wir und die Welt brauchen ein neues geistiges Konzept für die Liebe der Geschlechter. Zu viele Menschen sind an diesem unbewältigten Thema zugrundegegangen, um es weiterhin privat zu halten. Die Frage der Liebe ist die Kernfrage für eine neue Ordnung des Lebens auf unserem Planeten. Erst wenn beide Hälften des Menschen, Mann und Frau, sich gefunden haben, erst wenn die anderen Formen der sinnlichen Liebe, auch Homosexualität, sich ohne Angst in Freiheit entwickeln und neu integrieren können, kann es eine konkrete Perspektive geben für die Lösung aller anderen Probleme, die heute weltweit unser Leben erschüttern.

Die Grausamkeiten und Verwicklungen der bisherigen Geschichte kommen vor allem aus der Ausweglosigkeit des Eros. Alle politischen oder geistigen Revolutionen gingen an diesem Thema vorbei. Die Ausweglosigkeit des Eros war verbunden mit einer falschen Information. Die menschlichen Verhaltensweisen waren jahrtausendelang geleitet durch Bilder und Gedanken, die dem Wesen des Eros nicht entsprechen. Der Mythos der Ehe, das Dogma der sexuellen Ausschließung Dritter, das Axiom der Eifersucht – unter solchen Falschmeldungen konnte es keinen Frieden geben zwischen den Geschlechtern, keine Heimat für die Kinder und keine Liebe für die Mitgeschöpfe.

Die Welt ist eingetreten in einen apokalyptischen Vorgang. Die alten Systeme zerbrechen, die alten Dogmen haben ihre Kraft verloren, die Krusten sind aufgesprungen, und »neues Leben blüht aus den Ruinen«. Die Welt ist »reif« für einen neuen Geburtsvorgang. Was sich hier und da seit Jahren andeutet in schmerzlichen und oft mißglückten Versuchen für die Befreiung der Liebe, ist die Einleitung eines menschheitlichen Vorgangs, der sich in uns allen auswirkt. Unsere eigenen Krümmungen sind wie Preßwehen vor einer Geburt. Es gibt keine Zuflucht mehr nach hinten, denn die alten Träume sind tatsächlich ausgeträumt. Das ist nicht mehr eine Frage des persönlichen Geschmacks, sondern das Thema einer objektiven geschichtlichen Wandlung.

Natürlich wird die Wandlung von uns vollzogen und nicht von einem abstrakten Weltenschöpfer. Von uns allein wird es abhängen, wie weit sie geschieht und ob sie noch rechtzeitig geschieht. Aber wenn sie geschieht, dann wirkt sie nicht nur im einzelnen, sondern im Organismus der ganzen Menschheit, denn in diesem Organismus sind alle verbunden, wir könnten sagen durch »morphogenetische Felder« oder durch die sich verändernden Informationen des genetischen Codes. Das universelle Bewußtsein verändert sich von selbst, wenn für Kernbereiche unserer Existenz eine neue Information entsteht. Diese Information geht dann ein in den »Code« der Liebe. Nichts ist so stark wie die Macht einer Idee, deren Zeit gekommen ist, sagte Victor Hugo. Die Macht der neuen Information wird nicht gleich im Großen sichtbar. Sie gleicht der Macht des Pflanzenkeimlings, der eine Asphaltdecke durchbricht. Es ist die Macht eines individuellen Werdens, welches in Resonanz steht mit dem Werden der Welt. Resonanz ist deshalb auch das Kennwort der befreiten Liebe.

Der Weg zur Befreiung der sinnlichen Liebe muß von uns nicht immer mit nur eigener Kraft gegangen und schon gar nicht nach außen erkämpft werden. Liebe nistet sich am liebsten dort ein, wo der Kampf zu Ende ist. Kämpfen müssen wir höchstens gegen die Gewohnheiten und Trugschlüsse der eigenen Person. Der Weg muß in erster Linie gesehen, verstanden und gewollt werden. Wo er nicht gewollt wird, da kämpfen Götter selbst vergebens. Manch einer würde eher sein eigenes Leben über den Haufen rennen, als die Wahrheit der neuen Gedanken zu akzeptieren. Dies allerdings ist dann wirklich seine Privatsache. Wo aber durch die neue Erkenntnis ein neuer Wille entsteht, da verbinden sich die eigenen Kräfte mit höheren. Aus der inneren Übereinstimmung eines Einzelvorgangs mit einem Weltvorgang ergeben sich die »Evidenz« und die Kraft, die wir brauchen, um weiterzugehen. Der Eros ist eben nicht nur eine individuelle, sondern eine kosmische Kraft. Wo dieser höhere Kontakt wieder frei wird im Erleben von Sexus und Liebe, da wächst durch alle Schwierigkeiten hindurch eine Gewißheit des Gelingens. Die eigene Identität hat einen viel weiteren Raum bekommen als nur den der eigenen Kraft. Man immunisiert sich trotz steigender Sensibilität gegen die Vorurteile der anderen und verschwendet keine Zeit mehr mit Diskussionen, wo es längst nichts mehr zu diskutieren gibt. Wer die Quelle spürt, der will zu ihr hin.

Die gelingende Liebe ist die Wiedervereinigung einer zerbrochenen Welt. Zerbrochen war sie zwischen dem Menschen und dem Schöpfungsganzen, aus dem er kommt. Der Mensch ist buchstäblich aus dem Rahmen gefallen. Das ist seine innere Verlassenheit, die hinter allen Verlassenheitsschmerzen der Liebe steckt. Im Versuch, sich andere Rahmen zu bauen, wurde seine Liebe dünn und dünner, denn die Rahmen paßten nicht zum Objekt seines eigentlichen Verlangens. Wenn er nach langer Verlassenheit alle Rahmen durchbricht, dann kehrt er heim in die Gegenwart einer größeren Welt. Er spürt seine Ankunft und erlebt sie als Liebe. Liebe heißt Angekommensein, die Frau beim Mann, der Mann bei der Frau, der Mensch bei sich und der Himmel im Menschen. Alles Leben wartet auf dieses Ereignis.

Kultur ohne sexuelle Verdrängung

Die sexuelle Verdrängung gehört zu den wesentlichen geistigen Grundlagen der bisherigen Kultur. Sie erfolgt aber oft nicht mehr in Gestalt eines bewußten geistigen Vorgangs, sondern in Gestalt eines unbewußten Reflexes. Es ist deshalb oft gar nicht mehr möglich, sie als solche wahrzunehmen, auch der verdrängte sexuelle Inhalt kommt meistens nicht mehr ins Bewußtsein. Nur eine geschulte Selbstbeobachtung kann erkennen, was da – oft nur für den Bruchteil einer Sekunde – den Geist und den Leib durchzuckte. Oft sind es hochenergetische und wunderbar geile Phantasiebilder, die aber sofort mit den Prinzipien der vermeintlichen Menschenwürde kollidieren und deshalb verdrängt werden. Verdrängt werden die Bilder und gestoppt werden die Energien, beides in Form einer unwillkürlichen Gegenzuckung, die ebenfalls in Sekundenschnelle vollendet ist.

Machen wir in einem guten Selbsterfahrungsexperiment einmal die Gegenprobe und versuchen, nicht den durchbrechenden sexuellen Impuls, sondern seine Verdrängung zurückzuhalten, den Organismus also seinem gewünschten Lustzustand, seiner eigenen Erregung, seiner von innen kommenden energetischen Bewegung und seiner entsprechenden Bilderwelt zu überlassen, ganz zu überlassen. Was für ein ungeheurer Starkstrom erfüllt sofort unser ganzes Dasein! Was für unglaubliche Möglichkeiten des Lebens, was für unerschlossene Wege der Erkenntnis liegen hier noch ungenutzt vor uns! Es beginnt sogleich eine Reihe wundersamer Entdeckungen, falls der Schmerz über diese nichtgelebten Wonnen nicht zu groß ist. Zum Beispiel eine Entdeckung im Bett: ein Drücken und Quetschen, ein Dehnen und Strecken, das früher Schmerz verursacht hätte, verursacht jetzt lustvollste Empfindungen – wie schmerzfrei ist auf einmal der Körper, wie sehr ist offenbar auch die Schmerzempfindlichkeit von den unbewußten Vorgängen der Verdrängung bestimmt!

Oder man entdeckt eine ganz ungewöhnliche Leichtigkeit und Kraft der Bewegungen, wenn die innere Willensrichtung nicht mehr gegen die sexuellen Energien operiert, sondern sich mit ihnen verbündet. Was für eine Kommunikation, was für eine Erotik könnte hier möglich sein! Das Geheimnis des Lebendigen besteht darin, von innen her zu wirken mit einer strömenden Kraft, die alle unsere Wehleidigkeiten und Sorgen über den Haufen strömen würde, wenn wir sie nur ließen. Das Geheimnis des Kulturlebens der modernen Menschheit besteht darin, auf diese Kraft zu antworten mit dem verinnerlichten und automatischen Mechanismus der Verdrängung. Dies war auch die unfaßliche Entdeckung von Wilhelm Reich, noch weit schärfer und umfassender als bei Sigmund Freud. In der Wahrheit, die hier gesehen wurde, liegt die Möglichkeit einer elementar anderen Zivilisation begründet. Wer diese Zusammenhänge sehen lernt, der steht bald vor einer der erschütterndsten Tatsachen, denen ein erkennendes Bewußtsein begegnen kann. Was wüßten wir alles vom Menschen und vom Leben, wenn es die Verdrängung nicht gäbe. Was ist alles erdacht, herumgerätselt und an höherem Menschentum erfunden worden, weil die Verdrängung schneller war als der Geist und weil deshalb das Auge des Geistes nicht sehen konnte, was diese Welt im Innersten zusammenhält!

Vielleicht gab es in der bisherigen Menschwerdung noch nie eine Zeit, wo sich der Mensch ganz verantwortlich erklärte für das, was er auf Erden tat, ohne etwas abzuschieben an die jenseitigen Mächte. Für den Aufbau einer erotischen Kultur ohne Verdrängung brauchen wir einen Regiewechsel, worin der Mensch alle Verantwortungen, die er einst an Götter, Geister, Sterne oder Schicksal abgegeben hatte, wieder in sich selbst zurückholt. Auch die Verantwortung für alle scheinbaren Selbstverständlichkeiten der Überlieferung, der Sitte und Moral. Seit Nietzsches großem Wort »Gott ist tot« konnte sich der Mensch den ganzen Umfang dieses historischen Regiewechsels vor Augen halten. Was bisher mehr oder weniger von selbst entstanden und gewachsen war – Staatsform, Wirtschaftsform, Familienform, soziale und moralische Ordnung, religiöser Glaube etc. – das mußte nun vom autonomer werdenden Menschen geprüft und neu gestaltet werden. Dazu gehört auch die Neuordnung der Sexualität. Im Namen der Gesundheit forderte der Arzt Wilhelm Reich die Aufhebung jeder Form von sexueller Unterdrückung und Verdrängung. Ob wir diese Forderung heute befolgen oder nicht, ist nicht mehr eine Frage des Geschmacks und der intellektuellen Beliebigkeit, sondern eine Frage des Wissens. So ungeheuer viel Pseudokultur, philosophischer Irrtum und menschliche Grausamkeit gingen bisher auf das Konto nichtgelebter Sexualität, daß kein Wissender an diesem Satz vorbeikommt: Die Möglichkeit zu einer humanen Kultur besteht erst dann, wenn die sexuelle Verdrängung bzw. die Nötigung zu ihr beseitigt ist.

Die Aufhebung der sexuellen Verdrängung kann nicht politisch verordnet werden, und sie kann schon gar nicht in einem alten revolutionären Sinn mit Gewalt durchgesetzt werden. Sie ist ein innerer Vorgang, für den sich jeder selbst entscheiden muß. Wir können aber untereinander und dann in immer größerem Maßstab menschliche Netzwerke und Treffpunkte schaffen, welche die Befreiung begünstigen, weil kein Anlaß mehr besteht für die Fortsetzung der alten Doppelmoral. Dieses Buch soll einen kräftigen Anstoß geben in dieser Richtung. Jetzt müssen Taten folgen.

Erkennende Liebe

Die Befreiung der Liebe ist mit einem Erkenntnisvorgang verbunden. Diese Tatsache allein muß hervorgehoben werden, denn sie verstößt gegen die allgemeinen Vorstellungen von der Liebe. Liebe und Sex, denken die meisten, seien eine Sache des Gefühls und der Sympathie und nicht eine Sache des Kopfes. Sie sagen: Mein Kopf ist vielleicht einverstanden mit deinen Gedanken, aber nicht mein Bauch. Sie irren sich. Ihr Bauch wäre sicher einverstanden, wenn der Kopf sich nicht wehren würde! Im Kopf liegen die Widerstände gegen das Aufgeben der Eifersucht; im Kopf hat sich die mißglückte Liebe mit dem Gedanken der Rache verbunden; der Kopf weigert sich beharrlich, die Gedanken der freien Liebe wirklich aufzunehmen und ihre Wahrheit, ihre Selbstverständlichkeit anzuerkennen. Jeder weiß intuitiv, fast von seinen Zellen her, daß die Gedanken richtig sind, aber der Widersacher sitzt im Kopf. Der Kopf hat seine Gründe, die Befreiung nicht zu wollen, auch wenn der Leib sich noch so sehr nach Erlösung sehnt. Im Kopf finden die fatalen Rechnungen und Kalkulationen statt, infolge derer die neuen Möglichkeiten verworfen werden. Die Rechnungen sind meistens sehr durchsichtig und einfach, sie sehen etwa so aus: Die Gedanken sind richtig, aber was würde mein Freund, meine Freundin, mein Ehepartner sagen, wenn ich danach leben würde? Ich bin ganz von diesen Gedanken überzeugt, aber mein Gatte ist so fürchterlich eifersüchtig. Ich habe mit meiner Frau eine Schicksalsgemeinschaft aufgebaut, und die kann ich jetzt nicht einfach durch die Wahrheit in der Liebe aufs Spiel setzen. Ich weiß, daß in meinem Liebesleben eine Lebenslüge steckt, aber die brauche ich, um bei mir zuhause den Frieden zu wahren. – Die Wahrheit kollidiert nicht mit der Sehnsucht der Menschen, nicht mit ihren Gefühlen und ihren Bäuchen, sondern mit den Systemen, die sie sich in ihren Köpfen zurechtgezimmert haben, um eine ausweglose Lebenssituation einigermaßen schmerzfrei überstehen zu können.

Wenn man die biographischen und seelischen Hintergründe solcher »Strukturen der Unwahrheit« im menschlichen Liebesleben versteht, dann ist man wenig geneigt zu moralischer Verurteilung; man versteht, warum sich die Mehrzahl der Menschen für eine so seltsame Lebensweise entschlossen hat und sie jetzt nicht mehr revidieren möchte. Wer aber noch nicht so tief verstrickt ist in seine eigenen Systemzwänge, der könnte an seinem Ort mithelfen am Aufbau der erkennenden Liebe.

Solange die Liebe nur ein emotioneller Vorgang ist, hat sie keine Dauer. So schnell, wie man emotionell hineinflutscht, so schnell flutscht man emotionell auch wieder hinaus, und so emotionell, wie man jetzt gerade den einen liebt, kann man morgen schon einen anderen lieben. Es ist wie in dem Lied: »Die Liebe ist ein seltsames Spiel, sie kommt und geht vom einem zum anderen...« Das wissen natürlich beide Partner instinktiv, und sie werden – falls sie nichts Besseres im Kopf haben – auf dieses heimliche Wissen eben auch nur emotionell reagieren mit Raserei und Eifersucht. Wo die Emotion der Liebe sich vollends verselbständigt hat, in der sogenannten »Leidenschaft«, gibt es meistens für ein vernünftiges Wort keine Chance mehr. Leidenschaft, wie sie normalerweise verstanden wird, als ein Sturmwind der Herzen und der Leiber, ohne Einhalt, ohne Besinnung, ohne Befragung, ist immer der Anfang vom Untergang – ein unendlich schönes Thema für Opern und Operetten, ein unendlich schreckliches für den realen Menschen. Die Tiefe und Wollust der erkennenden Geschlechterliebe ist mehr als Leidenschaft: Sie ist Leidenschaft plus Erkenntnis und Nachdenken. Sie ist Leidenschaft, die im Medium des Geistes vertieft, gereinigt und auch beruhigt wurde. Sie ist wie ein See, dessen Grund jetzt auch in großer Tiefe sichtbar wird, weil die Stürme sich beruhigt haben. Man sieht in seine Tiefe und erkennt, was dort ist.

Liebe, welche über das Pathos der bloßen Emotion und

Leidenschaft hinausgegangen ist, macht nicht blind, sondern immer sehend. Sie ist das weckende und Erkenntnis stiftende Element des Lebens überhaupt. Die im Urhebräischen vollzogene sprachliche Gleichsetzung von Sexualität und Erkenntnis (im Symbol vom Baum der Erkenntnis, Adam »erkannte« sein Weib) hat einen ungeheuren Sinn, der sich uns heute, in den ersten Erfahrungen der erkennenden Liebe, wieder ankündigt. Liebe und Sexualität waren über Jahrhunderte so sehr mit Unwahrheit und Verdrängung behaftet, daß man diese innerste Gleichung unseres Lebens, die Gleichung von sinnlicher Liebe und Erkenntnis, nicht mehr finden konnte. Jetzt, wo wir sie wiederfinden, hat der erkennende Weg des Menschen einen neuen Sinn und eine neue Richtung. Es könnte der Beginn einer neuen Epoche sein.

Die Liebe macht oft nicht ganz freiwillig sehend. Liebe, die sexuelle wie die emotionelle, umgeht gerne in der kindlichen Manier schwärmender Herzen die Erkenntnis, solange sie kann. Aber schließlich ist sie, wenn sie überleben will, doch zur Erkenntnis gezwungen. Zum Beispiel zu der Erkenntnis, daß man alle heimlichen Gedanken, die man beim Partner befürchtet, selber hat und daß es deshalb keinen Sinn hat, sie beim anderen zu verurteilen. Oder die Erkenntnis, daß man durch Umklammerung die Liebe erstickt und daß es deshalb keinen Sinn hat, die Liebesbeziehung durch diese Methode retten zu wollen. Oder die Erkenntnis, daß die eigene Eifersucht so lange anhalten wird im Leben, wie man bei sich selbst bestimmte Engpässe und Halbwahrheiten, meist im sexuellen und intellektuellen Bereich, nicht überwunden hat. Oder die Erkenntnis, daß Liebe nur wachsen kann durch Vertrauen und Vertrauen nur durch Wahrheit. Was durch Unwahrheit wächst, ist Besessenheit, nicht Liebe. Oder die Erkenntnis, daß es keinen Sinn mehr hat, Liebe und Sex irgendwie erpressen zu wollen wie ein Baby.

Wer solches erkennt, staunt zunächst einmal über das, was er bisher alles getan hat. Er ist verblüfft, wozu er selber fähig war, während er doch immerfort die anderen verdächtigte und beschuldigte. Die Zweierbeziehung in unseren Kulturzonen ist fast immer ein System der gegenseitigen Beschuldigung, wobei die Beschuldigung bei »vernünftigeren« Partnern nicht mehr in Form eines offenen Ehekrachs, sondern auf feinere, nonverbalere Weise ablaufen. Man kriegt dann vielleicht Migräne, Atembeschwerden oder Magersucht bzw. Fettsucht. An Stelle des permanenten Ehekrachs ist das permanente Stillehalten getreten. Und weil auch das auf die Dauer schwer zu ertragen ist, gibt es gelegentliche Aussprachen, persönliche Gesprächsrunden, Workshops für Partnerfragen und andere erbauliche Dinge, mit denen der alte Karren am Laufen gehalten wird.

In der erkennenden Liebe ist die Aufmerksamkeit nicht mehr nur auf sich selbst, sondern immer mehr auf den Partner gerichtet, aber nicht mehr im Sinne der Eifersucht und der latenten Vorwürfe, nicht mehr um Stoff zu sammeln für die nächsten Feldzüge gegen ihn, sondern ganz neu. Man entdeckt ihn neu, man merkt, daß man ihn bislang noch gar nicht gekannt hat, auch nicht eigentlich danach gefragt hat. Man hat eigentlich gar nicht gemerkt, daß man sich noch gar nicht kennt und in diesem Sinne aneinander vorbeilebt. Man weiß viele hübsche kleine Dinge voneinander, man weiß, wieviel Zucker der andere in den Kaffee nimmt oder wann er seine grimmigen Stunden hat. Man lernt Diplomatie und Rücksicht miteinander und denkt, man würde sich kennen, bis man eines Tages erstaunt bis fassungslos vor Dingen steht, die man nie geahnt hätte. Unsere Eltern haben ihr Leben miteinander geteilt, haben jede Nacht nebeneinandergelegen. Aber haben sie sich gekannt? Und wenn einer von ihnen dann das Zeitliche gesegnet hat, haben sie gewußt, wer das war, der da gegangen ist? Die Ehe war meistens wie eine dicke und vertraute Schicht von Alltäglichkeiten, die sich über die eigentlichen Dinge legte.

Erkennende Liebe ist der Anfang einer neuen Wahrnehmung des Partners und der Anfang einer neuen Wahrnehmung der Liebe überhaupt. Sie ist oft verbunden mit dem Gefühl einer großen Liebe und manchmal auch mit dem Gefühl einer ebenso großen Reue. Was hatte man alles in der alltäglichen Blindheit versäumt und vernachlässigt, falsch gesehen und zu schnell verurteilt. Welche Irrwege und Quälereien hätte man vermeiden können, wenn man rechtzeitig »sehend« gewesen wäre. Es ist zu viel, um jetzt noch mit Sentimentalität und Selbstvorwürfen reagieren zu können. Man weint nicht mehr die Tränen der Oper, sondern man weint, wenn man überhaupt noch weint, die Tränen der Erkenntnis. Man wünscht, selbstgeschaffenes Unrecht wieder gutzumachen, und hofft inbrünstig, daß es dazu noch nicht zu spät ist. Erkennende Liebe ist ein neuer Anfang. Ich wünsche mir und allen Liebenden, daß wir ihn nicht durch den Rückfall in unsere alten Gewohnheiten wieder zerstören.

Vertrauen ist das Medikament des Leibes

Der Urboden für Gewalt ist die Angst. Der Urboden für die Liebe ist Vertrauen. Die bisherigen Lebenssysteme, welche der Mensch im Namen von Moral, Religion und Gesellschaft errichtet hat, waren Systeme struktureller Gewalt, weil sie auf Angst basierten. Es ist die Angst, welche unsere Zellen kontrahiert, unsere Sinne verschließt und unsere Leiber zuschnürt. Es ist die Angst, welche aus dem Gnadengeschenk der Liebe ein Knäuel von Qual und Verwicklung macht. Es ist letztlich auch die Angst, welche uns veranlaßt, dem Thema der Sexualität mit Moral und Belehrung zu begegnen, statt mit Offenheit und Wahrheit. Angst macht Leib und Liebe krank, denn: »Angst essen Seele auf«.

Die Kraft, welche die Angst überwindet, ist die Kraft des Vertrauens. Sie ist die Heilkraft des Lebens selbst. Wo Vertrauen ist, brauchen wir meistens keine zusätzlichen pädagogischen oder therapeutischen Maßnahmen, denn im Klima des Vertrauens heilen die alten Wunden meistens von selbst. Der Hauptgedanke dieses Buches, der immer mit dem Gedanken der freien Liebe verbunden ist, besteht darin, die Lebensverhältnisse der strukturellen Angst durch Lebensverhältnisse des strukturellen Vertrauens zu ersetzen. Wo kein Vertrauen ist, da haben die Gedanken der freien Liebe keinen Sinn, weil ihnen die Grundlage entzogen ist. Freie Liebe, wie sie im Zentrum dieses Buches steht, ist nur möglich, wo der Eros mit Vertrauen verbunden ist. In allen anderen Fällen entsteht aus der Idee der freien Liebe nur wieder eine Ideologie, ein Gruppenkult und eine bloße Antithese zur herkömmlichen Zweierliebe.

Vertrauen ist keine moralische, sondern eine biologische Kategorie, welche auf der Stelle die gestörten Vorgänge des Leibes zu heilen beginnt. Die uralten Wunden der Angst, psychosomatische Dauerkontrakturen, Energiestauungen und Entzündungen werden oft durch eine einzige Situation des Vertrauens vollkommen aufgelöst (können dann allerdings auch wieder auftreten, wenn die Situation vorüber ist).

Wir können ein dauerhaftes Vertrauen zwischen Menschen, zwischen Kindern und Erwachsenen, Männern und Frauen nicht durch moralische oder religiöse Gebote herstellen, sondern nur dadurch, daß wir untereinander wahrheitsgemäß handeln, vor allem in den intimeren Bereichen, wo die Lüge als Lebensdiplomatie schon zur eingefleischten Gewohnheit geworden ist. Wahrheitsgemäßes Handeln in den Bereichen von Sex und Liebe ist eine kulturelle Erneuerung und eine Entdeckung, mit der wir in der Lage sein werden, unsere Krankheit zu beenden. Ich meine die Krankheit, die wir alle haben. Man sollte aufhören, für diese Grundfragen unserer eigenen Erneuerung, vor denen wir heute stehen, zu schnell geistige Anleihen aus anderen Kulturen und Religionen zu beziehen, denn wir brauchen dazu nichts anderes als unseren eigenen Geist und Willen. Wir können uns mit indianischen Kulturen beschäftigen, sollten aber darüber nicht vergessen, daß Vertrauen bei uns weitgehend eine sexuelle Frage geworden ist. Wir können tibetanische oder taoistische Weisheiten erlernen, sollten darüber aber nicht vergessen, daß die Fragen des Vertrauens nicht im Nirwana, sondern im konkreten Kontakt zwischen Menschen bearbeitet werden müssen. Wir können fortfahren mit gesunder Ernährung oder Makrobiotik, sollten darüber aber nicht vergessen, daß das Brot der Liebe ganz anders schmeckt. Wir können fortfahren, auf die Stimmen der Weisen zu horchen, sollten dabei aber nicht übersehen, daß wir die Wahrheit und die Schönheit der Liebe nur erreichen können, wenn wir der Stimme des eigenen Leibes, des eigenen Herzens und des eigenen Denkens folgen. Alle Ansätze des aufkommenden New Age mögen irgendwo sinnvoll sein, wenn sie nicht wieder der Verdrängung dienen. Aber die wirkliche Transformation und Erlösung unseres Lebens kann und wird nur dort geschehen, dort allerdings mit Sicherheit, wo Eros und Vertrauen, Sex und

Wahrheit, Sinnlichkeit und Freundschaft zusammenkommen. Wenn wir uns nicht mehr voreinander abschirmen müssen, können wir gemeinsam nach vorne gehen. Aus dieser Kraft entsteht Vertrauen auch bei anderen.

Ein anderer Begriff der Treue

Ich habe über den viel zu engen alten Begriff der Treue schon manches gesagt in diesem Buch. Aber die Frage der Treue muß noch einmal ganz kurz und ganz intensiv für sich betrachtet werden. Es gibt keinen größeren Wahnsinn als den alten Begriff der Treue. Er steht, wie frühere Abschnitte des Buches schon gezeigt haben, in diametralem Gegensatz zur Liebe. Die Befreiung des Eros kann nur gelingen, wenn diese alte Vorstellung von Treue, welche auf der sexuellen Ausschließung Dritter basiert, restlos überwunden ist. Treue hat nichts zu tun mit einem Verbot. Sie hat auch nichts zu tun mit einem Schwur und auch nichts mit einem Vertrag. Treue ist ein reales Liebesverhältnis zu einem Menschen. Ich bin ihm treu, weil ich ihn liebe. Ich kann diese Liebe nicht an die Bedingung knüpfen, daß er mit keinem anderen ins Bett geht. Wenn mein Partner ein attraktiver Mensch ist, dann werden auch andere ihn haben wollen und er auch manchmal die anderen. Es geht ihm genau gleich wie mir. Sollen wir unsere Treue wirklich dadurch zeigen, daß wir dem anderen zuliebe auf solche Freuden verzichten? Was ist das für ein selbstverstümmelnder, himmelschreiender Gedanke! Treue ist Liebe, und Liebe ist nicht Verzicht. Wenn unsere Treue daran zerbricht, daß wir auch andere sexuelle Kontakte haben, dann war sie wohl auf Sand gebaut. Was für ein unendlich kleines Denken hat diesen alten Begriff der Treue hervorgebracht – und wie eng müssen Liebespartner voneinander denken, um sich gegenseitig diese Bürde aufzuerlegen! Zeige mir, daß du mich liebst, indem du mir hoch und heilig versprichst, auf das zu verzichten, was dir am liebsten wäre, nämlich auf alle anderen sexuellen Kontakte! Man halte sich das vors geistige Auge. Es ist wirklich kein Wunder, daß wir unter diesen Bedingungen bis heute keine erotische und keine liebevolle Zivilisation hervorgebracht haben.

Was ist Treue denn wirklich? Treue ist das Dasein für die

Menschen, die man liebt. Treue ist gelebte Freundschaft und konkrete Solidarität. Treue hat zu tun mit Vertrauen. Man vertraut einander, weil man weiß, daß der andere einen nicht belügt. Man kann nicht durch falsche Gerüchte gegeneinander aufgewiegelt werden, weil man weiß, was der andere tut und was er nicht tut. Treue setzt voraus, daß man sich kennengelernt hat. Wenn man sich kennengelernt hat und sich immer noch liebt, dann ist man treu zueinander. Man läßt sich in der Treue auch nicht beirren durch eklatante Fehltritte des anderen, denn man weiß, daß er auch dafür seine Gründe (wenn vielleicht auch falsche) gehabt haben muß. Man kritisiert sich, aber man ist herzlich gern bereit zur Vergebung, wenn der Irrtum eingesehen wird. Man hat kein juristisches Verhältnis zueinander und steht sehr fern von den Gefühlen der Rache. Es gibt nichts Nachtragendes in so einer Beziehung. Treue entsteht im Laufe einer gemeinsamen Entwicklung, oft über lange Zeit, nicht gleich am Anfang. Treue ist ein Gefühl der Liebe und der absoluten Verbundenheit; sie ist aber auch ein aktiver Willensvorgang und ein aktives Ja zum Partner: Mit diesem Menschen will ich ein gemeinsames Leben führen, ich will ihn nicht belügen, ich will ihn unterstützen und seiner eigenen Entwicklung dienen, so gut ich kann. Ich will täglich neu meine Nachlässigkeiten ihm gegenüber erkennen und überwinden, will mit ihm ein sexuelles Leben führen, das nicht der Alltäglichkeit anheimfällt. Ich will dafür sorgen, daß genügend Spannung und gelegentlicher Abstand in unserer Beziehung bleibt, um uns immer wieder von neuem begegnen zu können. Ich möchte die wichtigsten Entscheidungen in meinem Leben mit ihm zusammen treffen, und ich bin im Grunde meiner Seele davon überzeugt, daß wir nie auseinandergehen.

So etwa spricht die Stimme der Treue, wenn sie aus freier Liebe spricht. So hätten unsere Eltern und Großeltern auch gern voneinander gesprochen. Aber sie konnten es nicht, weil sie durch ihre sexuelle Ausschließlichkeit an der Liebe gehindert waren. Wenn einige von ihnen doch halbwegs glücklich miteinander alt geworden sind, dann nicht wegen, sondern trotz ihres verkehrten Treuegelöbnisses. Die Treue, wie sie oben beschrieben ist, entwickelt sich meistens zwischen zwei Menschen, Mann und Frau, aber sie läßt sich niemals auf diese beiden Menschen beschränken, und sie verlangt es auch nicht. Sie enthält in sich ein Liebesmodell für alle Menschen, die man wirklich liebt. Sie hat in sich das Ziel und die Kraft, mit allen diesen Menschen in einen ähnlichen Kontakt zu treten. Die Liebe zwischen mir und meiner Lebensgefährtin ist für mich seit langem ein Modell für alle anderen Beziehungen, die mir wichtig sind. Der alte Treueschwur, in dem sich zwei Menschen ihr Leben lang sexuell nur aufeinander beziehen wollten, ist ein elementarster Verstoß gegen eines der größten und sinnvollsten Gesetze der Liebe: daß sie sich von ihrem Brennpunkt her in alle Richtungen ausbreiten möchte.

Treue im alten Sinn kann am Anfang einer Beziehung vielleicht eine Weile sinnvoll sein, um die Beziehung nach außen zu schützen und im Inneren zu festigen. Aber dann, wenn sie fest genug ist, muß der Zaun beseitigt werden. Man kann auf die Dauer nur treu sein, wenn man auch andere lieben darf. In dieser Erkenntnis liegt die weiche Revolution der erkennenden Liebe.

Die Entpsychisierung der Liebe

Die früheren Generationen konnten das Thema Eros nicht bewältigen, sie haben geschwiegen. In neuerer Zeit ist statt des Schweigens eine neue Gewohnheit aufgetreten: Man führt in Freundeskreisen endlose Gespräche über Sexualität, Liebe und Partnerschaft. Es reproduzieren sich dabei immer dieselben Irrtümer und deshalb immer dieselben Inhalte des Gesprächs. Durch die Problematik solcher Art von Auseinandersetzung wird das Thema immer weiter vollgeladen mit psychischen Problemen, es wird immer weiter »psychisiert«. Dabei müßte genau die umgekehrte Richtung gefunden werden, die Richtung der Entpsychisierung.

Die Leiber sind zu sehr mit psychischen Dingen gefüllt, um frei atmen zu können. Die Köpfe sind zu sehr mit psychischen Dingen beladen, um frei denken und sehen zu können. Ein freier Leib, ein offenes Herz und ein klarer Kopf brauchen entpsychisierte Lebensräume. Umwelt und Inwelt sind durch zu viel Psyche undurchsichtig geworden. Je mehr man sich »erreichen« läßt durch die Probleme und je mehr man auf sie psychisch reagiert, um so unsichtbarer verschwindet das Thema im Nebel. Liebe aber macht sehend.

Wie fern ist jedes große Erlebnis von unseren persönlichen Gedanken und Gefühlen, wie fern steht jede wirkliche Erfüllung von unseren alltäglichen Grübeleien! Wenn ES kommt, dann schweigt die Psyche, um es zu empfangen.

Wer beschäftigt ist mit den Fragen von Sex und Liebe, der ruft so viel ab bei seinen Mitmenschen, denn sie stecken meistens im gleichen Problem und in derselben scheinbaren Ausweglosigkeit. Und weil er so viel abruft, sieht er sich dauernd genötigt zu reagieren. Er verpaßt damit die Möglichkeit der neuen Erfahrung, denn er verbaut dem Eros den Weg zum Eintritt. Es ist unter diesen Umständen gar nicht so falsch, wenn manche dann instinktiv ihre Gruppen verlassen und auf eigenem Weg ihr Ziel suchen.

Ich erinnere an das Gleichnis vom Elefantenbein. Je mehr der Elefant darüber nachgrübelt, wie er sein Bein aus der Schlinge befreien kann, um so unmöglicher wird es ihm. Ohne es zu merken, gibt er seiner unlösbaren Situation dauernd neue Nahrung, denn er konzentriert sich in Wirklichkeit nicht auf das Bild der Befreiung, sondern auf das der Fessel. Er verfestigt seine Not durch die Gedanken, die ihn eigentlich von ihr erlösen sollten. Er »psychisiert« seine Situation und versucht, sie in diesem Zustand zu lösen, statt von einem Gesichtspunkt, der frei ist von seinem Problem.

Der Mensch ist nicht das Sammelsurium seiner Probleme, er hat sich nur unwissend mit ihnen identifiziert; er spricht ganz persönlich von »sich« und meint damit seine persönlichen Geschichten und übersieht dabei die eigene Quelle, aus der er sie lösen könnte. Auch die »Seele« ist nicht die Addition unserer psychischen Dinge, sondern der innere Freiraum, der uns erfüllt, wenn wir Größerem begegnen. Die Seele, die sich zersplittert hat in den tausend kleinen Erregungen und Reaktionen, muß erst wieder gefunden werden in der Erfahrung, wo sie sich sammelt. Sie äußert sich dann nicht im Hin und Her der Gefühle, sondern in einer Gegenwart von viel größerer Empfindung. Vorahnungen des hier Gemeinten kennen wir alle. Wenn wir außerhalb des alltäglichen Betriebs in die Zonen des inneren Schweigens, des Dialoganhaltens, des Nachdenkens und vielleicht der Liebe kommen, dann kommt uns die Welt auf fremd-vertraute Weise sekundenlang entgegen. Und für Sekunden gibt es an diesem Berührungspunkt die unmißverständliche Erfahrung, wo die Chiffren unseres Universums heller und transparenter werden, wo sich alle Sinne spitzen, weil sich etwas in uns erfüllt mit Ahnung, Erwartung, Erstaunen und Dankbarkeit. Dies sind die eigentlichen Emanationen der Seele, die Sprache der Quelle, die wir wieder verstehen und pflegen sollten, um nach allen Irrwegen des Geistes wieder »zur Sache« zu kommen. Die Sache ist immer noch das Mysterium und die ursprüngliche Erschütte-

185

rung, die wir mit dem Wort »Liebe« bezeichnen.

Wir finden eine solche Erfahrung meistens nur für einige Sekunden, bis sie wieder überschattet ist von den Wolken des Alltags. Wenn wir sie dauerhaft gewinnen wollen, und das ist das Ziel unserer Reise, dann brauchen wir neue Räume für Kommunikation ohne kalkulierende Verstellung, für Wahrheit ohne Denunziation, für sexuelles Verlangen ohne Angst vor dem Urteil der anderen. Der Eros hat die Macht, Geist und Leib aus der psychischen Umklammerung zu befreien. Aber damit er es kann, müssen wir seine Gesetze verstehen. Er kommt dann von selbst, wenn die Bahn für ihn frei ist.

Plätze schaffen für eine neue Begegnung der Geschlechter

Um im erotischen Thema weiterzukommen, brauchen wir reale Gelegenheiten für neue Handlungen, neue Erfahrungen, neue Perspektiven. Die Befreiung des Eros wird sich nur durchsetzen können, wenn es Menschen gibt, die dafür etwas tun. Die bisherigen Ansätze mit Partnertausch, swinging couples und Häusern für tolerante Paare verdienen Anerkennung, sind aber keine Lösungen, dazu sind sie einfach doch zu begrenzt und zu sehr an ein kontrolliertes, überschaubares Programm gebunden. Experimente mit freier Sexualität, wie sie etwa unter dem österreichischen Künstler Otto Muehl im Burgenland oder unter dem Sannyasin-Gründer Bhagwan Shree Rajneesh in Poona (Indien) durchgeführt worden sind, zeigten eine weiterführende Perspektive, da sie generell mit neuen Lebensbedingungen verbunden waren. Sie waren aber zu sehr gebunden an die Mitgliedschaft in einer bestimmten Gruppe oder einem bestimmten Glaubenssystem. Trotz ihres Scheiterns haben sie eine Entwicklung eingeleitet, hinter die wir heute nicht mehr zurück können. Wir brauchen Plätze, Treffpunkte und Netzwerke, wo sich Liebende und Suchende frei begegnen können ohne die sonst übliche Verdrängung, Tarnung, Doppelmoral und sexuelle Frustration. Wir brauchen Orte, wo Männer und Frauen sexuell auftanken können, wenn sie am Verdursten sind. Wir brauchen Begegnungsstätten neuen Typs, wo beide Geschlechter auf die erregendste Forschungsreise gehen können, die es gibt in diesem Universum: die Erforschung der sinnlichen Liebe mit allen sexuellen und geistigen Überraschungen, Wonnen und Erkenntnissen. Am besten für alle Altersstufen, denn der sexuelle Hunger und der Wunsch nach Liebe ist an kein Alter gebunden, ebensowenig wie das Atmen oder die Verdauung. Ich verweise noch einmal auf das Buch über die verschwiegene Lust (siehe Literaturverzeichnis).

Es gibt genügend Menschen, die ihre Grundstücke und Gebäude für so ein Projekt zur Verfügung stellen würden, wenn sie erst einmal diese Chance richtig durchdacht und wahrgenommen haben. Vielleicht gibt es Leserinnen und Leser dieses Buches, die die Energie haben, solche Einrichtungen in größerem Stil zu verwirklichen. Geeignet wären dafür Objekte von verschiedenster Art, z.B. Tagungsstätten, Feriendörfer, Ufergelände von Seen, Hotels oder sonstige Gebäude mit großzügigen Parkanlagen, Schiffe für Kreuzfahrten, Plätze im Süden, Inseln etc.

Ein Treffpunkt der freien Liebe im Sinne diese Buches könnte zum Beispiel aufgebaut sein wie eine Art von »Club Mediterrannée«, nicht zu kommerziell, offen für alle, ohne ideologisches Beiwerk, aber lebendig, geistvoll und sprühend – ein Anziehungspunkt irgendwo im Süden. Es gäbe Cafés, Bars und andere Treffpunkte, es gäbe Strand, Natur und freien Auslauf, und es gäbe irgendwo unauffällig die Erotische Akademie, ein Zentrum für alle Fragen der sinnlichen Liebe. Vielleicht gäbe es sogar eine Art von »Bordell«, das aber bei genauerem Hinsehen ganz andere Züge trüge. Hier würde die Sexualität gepflegt, nicht wegen des Geldes, sondern wegen der Lust, der Schönheit und der Notwendigkeit. Hier können Menschen das tun, was sie ohnehin am liebsten täten, wenn sie nicht der alten Moral unterworfen wären, allerdings ohne Gemeinheiten und ohne reale Gewalt.

Eine solche Einrichtung stünde natürlich beiden Geschlechtern zur Verfügung. Frauen werden hier ebenso gern »bedient« wie Männer, wenn es sich harmonisch aus der Situation ergibt. Damit die Sache im gewünschten Sinne funktioniert, müßten einige reifere Frauen mit menschlicher und erotischer Erfahrung die Dinge im Auge haben und sich vielleicht als Anlaufstellen für Ratsuchende bereitstellen. Die Tempelpriesterin früherer Kulturen könnte in so einer Einrichtung eine neue soziale und sehr aktuelle Funktion bekommen. Ich glaube, das Projekt müßte hauptsächlich von Frauen geleitet werden, damit es wirklich um sinnliche Liebe geht

188

und nicht doch wieder um Geld und Macht. Aber ich will damit niemandem vorgreifen. Beherzte Männer sind ebenfalls herzlich aufgerufen zu Initiative und Mitarbeit.

Um einen lebendigeren Eindruck zu geben, wie sich dort das Leben abspielen könnte und was der Sinn der Sache ist, möchte ich einige Passagen zitieren aus dem Buch »Rettet den Sex – ein Manifest von Frauen für einen neuen sexuellen Humanismus«. Dort wird – als Teil eines Science-fiction – ein ähnliches Erosprojekt beschrieben:

»... Der große Vorteil des Lustparks bestand darin, daß alle, die sich darin aufhielten, schon durch diesen Aufenthalt bekundeten, daß sie sexuellen Kontakt wünschten oder jedenfalls nicht ausschließen wollten. Und so war es oft ungewöhnlich heiter und leicht, wenn sich zwei begegneten. Dann fragte vielleicht der eine die andere: 'Wäre ich vielleicht ein Partner für Sie?' oder: 'Kann ich ihnen einen Wunsch erfüllen?' Der oder die andere wußte dann, was gemeint war, und sagte je nach Situation und Sympathie: 'Ja gern' oder: 'Danke für die Nachfrage, aber ich suche gerade einen anderen'. Man ging dann weiter und fragte die nächste attraktive Person, wenn es einem danach war. Die San Diego-Menschen, die Wiedergeborenen, waren in diesem Punkt erstaunlich einfach. Und irgendwie war an jedem Tag auf diesem Gelände ein Feld der Vorfreude zu spüren, denn jeder wußte, daß er schon kriegt, was er wünscht. Man könnte sagen, sie waren alle in einer bestimmten Weise bereits gut versorgt; sie waren sich alle der sexuellen Erfüllung schon sicher und hatten es deshalb nicht so ungeheuer eilig. Eine einzelne Begegnung hatte nicht diese psychische Aufladung und Bedeutung wie im früheren Leben. Man konnte sich in der Taverne oder in der japanischen Teestube treffen, man konnte plaudern über Zen-Buddhismus oder Anthroposophie. Man konnte selbst bei den interessantesten Gesprächen auf die Bluse der Partnerin schauen. Die sexuelle

Schwingung blockierte nicht mehr das Gespräch und das Denken. Im Gegenteil. Durch das Zusammensein in Gedanken steigerte sich die sinnliche Vorfreude, und durch die sinnliche Vorfreude steigerte sich das Gespräch. Was war man früher dauernd abgelenkt durch das ungestillte Verlangen! Wenn ein Mann eine Frau vor sich hatte und über Gott und die Welt sprach, dann starrte er mit dem inneren Auge nur auf ihre Brüste oder ihren Hintern und auf alles, was unter ihren Kleidern war. Der Geist war woanders als die Worte. Wie leicht war es jetzt, diese beiden Pole des Lebens, den geistigen und den sinnlichen, gleichermaßen im selben Augenblick zu erfüllen und zu genießen. Wie wenig standen sich in Wahrheit diese beiden Kräfte störend gegenüber, wie sehr konnten sie sich jetzt verbinden miteinander...

Es war interessant zu sehen, welche sexuellen Partner von welchen Menschen gesucht und ausgewählt wurden. Es war zum Beispiel interessant zu sehen, wie junge Männer gern auf ältere, reife Frauen zugingen und wie diese reifen Frauen ihr Glück darin hatten, diese jungen Männer zu 'begatten' bzw. sie in sich aufzunehmen. Auf einmal hatten die Altersunterschiede eine positive sinnliche Bedeutung...

Es war überraschend und eigentlich schon wieder nicht überraschend, wie leicht sich junge Neuankömmlinge im Institut zurechtfanden, mit welcher Leichtigkeit sie die bestehenden Möglichkeiten nutzten, mit welcher Leichtigkeit sechzehnjährige Mädchen Vertrauen und Freude fanden an der ganzen Einrichtung; mit welcher Schüchternheit und trotzdem Leichtigkeit sie auf gewünschte Liebespartner zugehen konnten. Es gab ja nicht vorher oder hinterher diese verurteilenden Gedanken, vor denen man sich in Schutz nehmen mußte. Es gab an diesem Ort so gut wie gar keine Verurteilung oder Bestrafung. Das System lebte nach einem ganz einfachen Prinzip der unmittelbaren menschlichen Rückkoppelung und Verstän-

digung.
Interessant in diesem Zusammenhang war auch die me-
dizinische Entwicklung des San-Diego-Instituts. Männer
und Frauen, die am Verwelken waren, blühten auf, die
Leiber gesundeten, sie wurden rund oder straff, je nach
Temperament. Es war die sinnliche Freude und die sexu-
elle Erfüllung, die einen Heilungsvorgang zustande-
brachte, der jenseits aller bisherigen therapeutischen
Möglichkeiten lag. Und das war eigentlich selbstver-
ständlich, es wunderte keinen. Natürlich blüht eine fünf-
zigjährige Frau wieder auf, auch eine siebzigjährige,
wenn sie wieder eintreten kann in ein erfülltes sinnliches
Dasein. Natürlich blüht ein siebzehnjähriger Junge auf,
wenn er zu einer reiferen Frau gehen kann, um bei ihr
seine Sexualität auszuleben. Es ergab sich von selbst ein
Heilungsprozeß, der allen Beteiligten vertraut war. Das
Überraschende war nur, daß das, was man vielleicht
insgeheim unbewußt und instinktiv gewußt oder geahnt
hatte, daß das tatsächlich eintrat. Das Neue, das hier
wiedergefunden wurde, war schlicht und einfach die Le-
bensfreude.«

Gerade fragt mich die 16-jährige Sonja, ob sie da auch hin
dürfe. Klar darf sie. Es gibt hier kein Jugendverbot. Die
Jugend braucht Treffpunkte, wo sie ohne Bevormundung,
aber mit dem Schutz und den Anweisungen von Erfahrenen,
die sinnliche Liebe lernen kann, bevor sie sich zu fest bindet
an die vorgegebenen Rollen der Erwachsenen. Eine freiheitli-
che, aber verantwortungsbewußte Liebesschule für Jugendliche! Es gibt etliche internationale Jugenzentren und Treffpunkte, aber es gibt kaum eines, wo dieses Thema offen und
sachgemäß behandelt wird, einschließlich realer Erfahrungs-
möglichkeiten. Tagsüber machen sie Sport, Gruppensitzun-
gen und Veranstaltungen zu geistigen Fragen der Zeit, nachts
liegen sie mit heißen Leibern in den Betten und denken an
etwas ganz anderes. Hier wäre eine konkrete Möglichkeit, der

inneren Entwicklung eines Menschen eine ganz andere Richtung zu geben.

Aber es geht in einem Zentrum für freie sexuelle Liebe nicht nur um die Jugend, sondern um alle Altersstufen. Das sexuelle Thema spitzt sich oft noch zu in einem Alter, wo es unter den gewöhnlichen Bedingungen unserer Gesellschaft wenig entsprechende Kontaktmöglichkeiten gibt. Nehmen wir noch einmal die Frauen ab vierzig. Sie sind noch jung, haben meistens eine Ehe und mehrere gescheiterte Beziehungen hinter sich und wären jetzt eigentlich frei für einen neuen Anfang. Die Sexualität ist in voller Blüte, aber es fehlt an Gelegenheiten, die man ohne Reue genießen könnte. Wie soll eigentlich eine Gesellschaft im menschlichen Sinne funktionieren können, wenn über ein Viertel ihrer Bevölkerung im besten Alter gezwungenermaßen ohne Sexualität lebt? Wenn man schon so offenherzig war, um den »Ball für einsame Herzen« einzurichten, dann soll man auch noch ein oder zwei Schritte weitergehen und größere Zentren schaffen, die ohne Peinlichkeit betreten werden können von allen, egal ob ihr Herz gerade einsam ist oder nicht, egal auch, ob sie einen Partner fürs Leben suchen oder für ein paar geile Stunden.

Wir haben längst gesehen, daß weder die Ehe noch das Bordell eine Lösung des anstehenden sexuellen Problems ist. Es gibt sehr viele Ehen, die am Ende sind, wo aber beide Partner doch nicht einfach auseinandergehen wollen, sei es aus Verantwortung für die Kinder oder sei es, weil sie sich eben tatsächlich einmal geliebt haben. Sie könnten diesen Ort besuchen und eine neue Freude in ihre Herzen bringen. Durch die neue Öffnung nach außen öffnet sich oft auch ein neuer Kanal zueinander. Sie brauchen sich hier nicht für oder gegen ihre Ehe zu entscheiden, aber sie gewinnen einen neuen Erfahrungsstoff, der ihre Auseinandersetzung und ihre Freundschaft wieder interessant machen könnte. Es gehen so viele Liebende einfach deshalb auseinander, weil sie keine andere Möglichkeit mehr sehen. Sähen sie eine, dann stünden sie nicht in solchen zermürbenden Entscheidungszwängen, sie könnten sich aktiv Zeit lassen.

Es braucht wohl nicht extra erklärt zu werden, daß der Aufbau solcher Einrichtungen für die Befreiung der Liebe den heimlichen Wünschen von unzähligen Männern und Frauen entgegenkäme. Es wäre ein echtes Jahrhundertprojekt. Wenn es sich herumspricht, daß die Sache ernst gemeint und kein kommerzielles Scheinunternehmen ist, dürfte man sich auf eine kleine Völkerwanderung gefaßt machen. Auf einer südlichen Insel oder sonst einem ausgewählten Platz ein Mekka der Liebe, die Verwirklichung eines uralten Traumes, aber mit dem definitiven Willen, das Thema der sinnlichen Liebe und der sexuellen Not in unserer Zeit auf eine interessante und humane Art zu lösen. Projekte für einen neuen sexuellen Humanismus, wegweisende Pilotprojekte für eine schönere Zukunft.

Sexpeace und Greenpeace – Friede der Geschlechter und Friede mit der Natur

Die ökologische Katastrophe und die sexuelle Katastrophe gehören zusammen. Die Zerstörung der Lebensenergien im Inneren des menschlichen Organismus und die Zerstörung der Lebensenergien in der Biosphäre sind zwei Seiten desselben Gesamtproblems. Sexpeace und Greenpeace – Heilung der sexuellen Natur im Inneren der Menschen und Heilung der ökologischen Natur der Biosphäre sind deshalb die beiden zentralen Aspekte der globalen Heilungsaufgabe, vor der wir heute stehen. Dies in aller Kürze ist die Kernaussage, die jetzt deutlicher beleuchtet werden soll.

Die Erde ist kein Automotor, der schon funktionieren wird, wenn man das richtige Öl und Benzin hineingibt. Sie wird auch nicht nur dadurch krank, daß der Mensch ihr in Form von Industrieabwässern, saurem Regen oder Kohlendioxid alle möglichen Gifte zuführt. Ihre Erkrankung geht weit über ihre mechanischen Funktionsstörungen hinaus, denn ihre Innenseite, ihre »Seele« ist angegriffen. Die Biosphäre ist ein vielfältiger und doch einheitlicher Organismus, worin Leib und Seele ebenso zusammenwirken wie im Organismus der Einzelwesen. Es kann beim Wissensstand unserer Zeit und bei einer gewissenhaften Synopsis aller neueren Erkenntnisse keinen Zweifel mehr geben an dieser ganzheitlichen Schau unseres Planeten und an der Existenz einer seelischen Innenseite in allen Lebensvorgängen. Die Frage, ob andere Lebewesen überhaupt eine Seele haben, dürfen wir ruhig ins Neandertal verweisen; und die Entdeckung eines einheitlichen Zusammenhangs aller Lebensdinge gehört zu den derzeitigen Grundvorgängen aufgeklärter Wissenschaft und Religion. Die derzeitige Ökologie ist meistens noch zu mechanisch am alten Weltbild orientiert. Sie übersieht meistens den seelischen Aspekt der Welt und kommt deshalb zu falschen bzw. ungenügenden Schlußfolgerungen. Heilende Ökologie ist die Heilung der seelischen und der biologischen Vorgänge (schon diese Trennung in der Sprache ist verkehrt) im Gesamtorganismus der Biosphäre.

Das Leben in unserem eigenen Organismus und das Leben der uns umgebenden Biosphäre sind aus einer einheitliche Energie aufgebaut: der universellen Lebensenergie. Sie hatte im Laufe ihrer Entdeckungsgeschichte viele Namen, Chi, Mana, Prana, Orgon etc., und sie wurde unter den verschiedensten Aspekten beschrieben, meistens allerdings (außer bei Wilhelm Reich) nicht unter dem sexuellen Aspekt. Die sexuelle Energie aber ist im Inneren des Organismus ein Hauptaspekt der universellen Lebensenergie. Die universelle Lebensenergie erscheint in verschiedenen Aggregatzuständen der Verfestigung oder Verfeinerung. Sie wirkt in unseren sexuellen Vorgängen wie in unseren emotionellen und geistigen und entscheidet über Gesundheit oder Krankheit unseres Organismus. Sie wirkt in den Außenvorgängen des Wachstums, der Formbildung, der allgemeinen Naturkreisläufe und der Wetterbildung. Sie gestaltet die psychologische wie die meteorologische Atmosphäre. Spontane Wetterveränderungen bei starken psychischen Ereignissen beruhen auf diesem Zusammenhang. Die ganze Biosphäre besitzt ein einheitliches Energiesystem, ein einheitliches Informationssystem im genetischen Code und ein einheitliches materielles System in den chemischen Elementen und ihren Eigenschaften. Außerdem besitzt sie offenbar eine ungeheure Strapazierfähigkeit und – infolge der ihr innewohnenden Selbstheilungskräfte – eine schier unerschöpfliche Kraft der Regeneration. Sonst gäbe es kein Keimen und kein Blühen, kein Singen und kein Lachen mehr nach allem, was wir ihr seit Jahrtausenden angetan haben. Aber die Zerstörungen im Äußeren, die Vernichtung von Großbiotopen und natürlichen Lebensräumen, die Ausrottung ganzer Populationen und Arten, Luftverschmutzung und Grundwasservergiftung, Pelztierzucht und Schlachtviehhaltung, Walfang und Robbenmord usw., und die Zerstörungen im Inneren, Sinnkrise und Lebensangst, Verlust der Liebesfähigkeit und psychosomatische Erkrankungen aller Art, ergeben zusammen eine Belastung des globalen Organismus, der er nicht mehr lange gewachsen sein kann. Umwelt– und Inweltkrise sind die zwei Seiten desselben Gesamtproblems und können nur in der Zusammenschau verstanden und vielleicht noch gelöst werden.

Die weltweite Gewalt an Kindern, Völkern und Tieren verlangt ein neues Konzept der menschlichen Zivilisation. Im innersten Kern dieses Konzepts stehen die elementarsten Grundfragen des Menschen nach Sexualität, Liebe und Partnerschaft, nach Gemeinschaft und Geborgenheit, nach Sinn und Heimat. Ob eine zukünftige Gesellschaft weiterhin inhuman bleiben muß oder ob sie human werden kann, ob die Kinder dieser Gesellschaft glücklich oder unglücklich aufwachsen werden, wird weitestgehend davon abhängen, wie der Mensch seine inneren Fragen bearbeitet und löst. Deshalb sind diese inneren Fragen das zeitgeschichtliche Hauptthema der gegenwärtigen Menschheit – und im Innersten dieser Fragen steht heute das Thema Nummer Eins. An unbewältigter Sexualität und Liebe siechen und sterben in unseren Kulturzonen heute weit mehr Menschen als an allen anderen Zivilisationskrankheiten zusammen. Der Mensch hat die Welt ruiniert, aber er hat vor allem durch das unentwegte Vorgehen gegen die eigene sexuelle und seelische Energie sich selbst ruiniert. Alles Blendax-Lächeln kann darüber längst nicht mehr hinwegtäuschen.

»Macht Euch die Erde Untertan!« Dieser biblische Satz hat bis heute wie kaum ein anderer das Bild der Erde geprägt. Der Mensch hat tatsächlich den gigantischen Versuch unternommen, sich die Erde untertan zu machen, indem er mit den Mitteln einer mechanischen Intelligenz und einer brutalen, auf das Brechen von Widerständen (statt Resonanz) gerichteten Technik sich gegen die Erde und gegen die Natur gewendet hat. So entstanden Methoden der Ausbeutung, der Unterdrückung und der gewaltsamen Herrschaft, die er nicht nur gegen Seinesgleichen, sondern gegen die Schöpfung und alle Mitgeschöpfe errichtet hat, aber nicht im Sinne von Gärtnerschaft, Pflege und positiver Steuerung, sondern im Sinne der Zerstörung. Es waren Techniken zur Brechung von Widerständen, also Herrschaftstechniken, und nicht Techniken der Kooperation mit den Energien und Lebenskräften der Schöpfung. Dieses Denken, das auf das Brechen von Widerständen ausgerichtet war, wurde angewendet auf die Erziehung von Kindern, auf die Ausbildung von Jugendlichen, auf die Tierhaltung, auf die Rodung von Wäldern, auf die Planierung von Flußlandschaften und auf alle Methoden von Krieg und Völkermord. Durch dieses Denken geriet der Mensch in ein Verhältnis der strukturellen Gewalt zu sich selbst und zur Welt. Er überging die Gesetzmäßigkeiten der Biosphäre mit ihren ökologischen Kreisläufen, mit ihren sphärischen Feinheiten, ihren seelischen Emanationen und ihrem tausendfältigen Netzwerk beseelter Lebewesen – und er setzte an deren Stelle die Macht der Gewalt. Er hat wissenschaftliche, moralische, religiöse Systeme aufgebaut, die im Widerspruch stehen zur Funktionsweise des Lebendigen, zur Funktionsweise der universellen Energie und zur Funktionsweise des Eros. Wo ein vernachlässigtes Kind neue Schleichwege für Liebe und Aufmerksamkeit finden muß und dafür moralische oder andere Prügel bekommt, entsteht strukturelle Gewalt. Wo seine Neugier und sein Spieltrieb vom eindimensionalen Vernunftsdenken der Erwachsenen unterdrückt wird, da entsteht strukturelle Gewalt. Wo Sexualität und Liebe in zu enge Paragraphen, in zu enge Zweierbeziehungen und Treueverhältnisse gezwängt werden, da entsteht strukturelle Gewalt. Wo die authentische religiöse Grunderfahrung eines Menschen eingesperrt wird in ein kirchliches Dogma, da entsteht strukturelle Gewalt.

Alle Dogmen und alle zu festen Strukturen sind Staumauern gegen das Leben. Alle Versuche, das Leben zu planieren oder in zu enge Kanäle zu zwängen, schaffen ein unterschwelliges Reservoir von Zerstörung und Gewalt. Wo die natürlichen Funktionen des Lebendigen, Funktionen wie Pulsation, Schwingung, Strömung, Rhythmus, Öffnung und Schließung usw., durch moralische oder technische Gewalt behindert werden, entstehen Störungen und Krankheiten. Das gilt für die Natur im Äußeren wie für die Natur im Inneren des Menschen; es gilt für den Fluß in der Landschaft, und es gilt für die Liebe. Wer den mäandrierenden und frei schwingenden Fluß einsperrt in ein geradliniges Betonbett, der nimmt ihm seine natürlichen Selbstheilungskräfte. Wer den Eros einsperrt in das geradlinige Betonbett der kirchlichen oder ehelichen Sexualmoral, der nimmt auch ihm seine natürlichen Selbstheilungskräfte. Heilung beginnt dort, wo die Handlungen des Menschen mit der Funktionsweise des Lebendigen übereinstimmen. Biomorphie ist ein Stichwort für diese Gedanken. Es gilt innen wie außen. SEXPEACE und GREENPEACE, Friede zwischen den Geschlechtern und Friede mit der Natur – in diesem Rahmen bewegt sich die Heilungsarbeit für eine gewaltfreie Erde.

Es gibt keinen strukturellen Unterschied zwischen der Gewaltanwendung gegenüber Tieren und der Gewalt gegen Menschen. Tiere sind Menschen wie wir. Die Neugier, der Übermut, die Lebensfreude einer Katze ist auf anderer Entwicklungsstufe dieselbe wie die eines Kindes. Was Vögel zwitschern oder singen, ist ein beseelter Ausdruck ihrer Verbundenheit mit der Welt. Der Schmerzensschrei eines Tieres ist von seiner seelischen Qualität her dasselbe wie der Schmerzensschrei eines Menschen. Die Welt ist ein kommunitärer Verbund beseelter Lebewesen, die alle in bestimmter Weise miteinander und mit der Welt kommunizieren. Was da piepst und hüpft und sich räkelt, sind Lebewesen wie wir, nur auf anderer Stufe, hervorgegangen aus einer beseelten Schöpfung, ausgestattet mit Neugier, Lebenswillen und mit der Fähigkeit zur Freude. Die seelischen und geistigen Energielinien der Welt sind nicht auf den Menschen beschränkt. Sie wirken rudimentär in allen Geschöpfen. Es gibt in allen Geschöpfen rudimentäre Grundqualitäten, die wir als Liebe oder als Gewalt bezeichnen können. Welche von beiden abgerufen werden, welche im realen Leben zur Vorherrschaft kommen werden, hängt ab von den Lebensumständen, unter denen sich die Individuen und ihre Gruppen ihr Dasein aufbauen müssen. Werden wir Produktionsverhältnisse der Gewalt aufbauen, so entsteht Gewalt. Werden wir Produktionsverhältnisse des Vertrauens aufbauen, dann entsteht Vertrauen. Der genetische Code, die Grundinformation alles Lebendigen, läßt beides zu. Diese Tatsache zu erkennen und in einer gewaltfreien Richtung zu nutzen, kann nur die Aufgabe des Menschen sein, denn der Mensch ist das Auge der Schöpfung und das reflektierende Organ des Lebens, mit dem es sich selbst sehen kann. Der Mensch kann heute diese Zusammenhänge, aus denen er kommt und die er immer in der einen oder anderen Weise reproduziert, erkennen. Der Mensch ist die Quelle der politischen, der ökologischen und der sexuellen Gewalt. Und deshalb ist er auch die Quelle ihrer Überwindung.

Die Überwindung der strukturellen Gewalt ist die Integration von Schöpfungslogik und Menschenlogik, von Organlogik und Gesellschaftslogik, von biologischen und kulturellen Erfordernissen. Die Überwindung der strukturellen Gewalt und ihre Ersetzung durch strukturelle Liebe verlangt die positive Transformation unserer Triebwelt. Die Zweiteilung der sexuellen Welt in einen erlaubten und einen unerlaubten Teil, in Partnersex und Bordellsex, in Phantasien, die gezeigt, und andere, die versteckt werden müssen, diese durchgehende Doppelbödigkeit in der Struktur unserer Gesellschaft ist ein wesentlicher Grund des allgemeinen Mißtrauens und der strukturellen Gewalt. Die Überwindung dieser traumatischen Grundstruktur wird nur gelingen können, wenn der Mensch ohne Vorverurteilung seine wirklichen Triebkräfte wahrnimmt, zu sich emporhebt und in sein bewußtes Leben integriert. Nur durch Wahrnehmung, Akzeptierung und Integration entsteht jene kontrollierte Befreiung und Humanisierung der Triebe, welche uns befähigt, ohne Haß und Vorurteile den ganzen Bereich der Sexualität neu zu durchdenken und neu zu gestalten. Erst wenn in unserem sexuellen Denken und Handeln keine versteckten Sprengkörper mehr vorhanden sind, können wir anfangen, uns aufeinander zu verlassen. Vertrauen ist die Gegenkraft der Zerstörung. Die authentischen Selbstheilungskräfte von Mensch und Natur sind Liebe und Vertrauen. Ein Organismus, der von diesen Kräften berührt wird, heilt meistens von selbst. Eine Biosphäre, die mit diesen Kräften gefüllt würde, würde ebenfalls einen solchen Heilungsvorgang durchlaufen. Die Schaffung angstfreier Lebenssysteme, in denen die Kräfte des Vertrauens und der Heilung wachsen können, ist ein Forschungsprojekt und eine Zukunftsaufgabe von planetarischem Rang.

Die Umwandlung der menschlichen Gesamtkultur vom Prinzip der strukturellen Gewalt zum Prinzip der strukturellen Gewaltlosigkeit ist ein sehr komplexer Vorgang, der alle Bereiche des Lebens einbezieht. Erst in diesem komplexen Gesamtzusammenhang werden dann auch einzelne Fragen wie Ernährung, Recycling, Energiegewinnung, Architektur, Baustoffe und Raumformen usw. ihren neuen Stellenwert bekommen. Auch die Frage der freien Liebe kann nur schwer außerhalb des Gesamtzusammenhangs verstanden und bearbeitet werden. Denn die freie Liebe kommt aus einer geistigen Grundlage, die nur in gewaltfreien Strukturen existieren kann. Freie Liebe hängt zusammen mit Vertrauen und Wahrheit, ohne die hat sie keinen Sinn. Vertrauen und Wahrheit aber gehören längst nicht mehr zu den menschlichen Grundqualitäten der bestehenden Gesellschaft, sie müssen in neuen sozialen Räumen erst wieder geschaffen werden. Für die Verwirklichung von Greenpeace und Sexpeace brauchen wir Biotope der Heilung, in denen die sexuelle Sackgasse ebenso überwunden wird wie die ökologische. Sie werden – als Pilotmodelle einer gewaltfreien Gesamtkultur – die natürlichen Kristallisationskerne sein für die Entwicklung der neuen geistigen Felder.

Wir haben einmal in einer Plakataktion mit einer Künstlergruppe den Satz geprägt: »Auf der Suche nach sexuellem Kontakt wird täglich dermaßen viel Benzin verfahren, daß die Befreiung der Sexualität schon aus ökologischen Gründen gefordert werden muß.« Der Gedanke, der hier ausgedrückt ist, läßt sich zwanglos ausdehnen auf weite Teile unseres zeitgenössischen Konsumverhaltens und der entsprechenden Konsumgüterindustrie. Sie dienen dem Ersatz für versäumtes Glück und nichtgelebtes Leben im Bereich der Liebe. Stellen wir uns den Zusammenhang einmal positiv vor; stellen wir uns vor, Menschen würden zusammenleben ohne Angst, Lüge und Mißtrauen; sie hätten keine altertümlichen Verbote, die sie an der Liebe hindern; sie hätten ein erkennendes, sinnliches, schöpferisches Leben; sie hätten vor allem sexuelle Erfüllung, jeder auf seiner Stufe, ohne die Hälfte ihres Verlangens verbergen zu müssen; sie hätten genügend Intelligenz und technische Möglichkeiten für das Abenteuer der Forschung und Entwicklung in allen Bereichen des Universums und der Erde; sie würden für die Fragen von Energie, Ernährung, Recycling usw. eine Entdeckung nach der anderen machen – kurz, sie hätten innerlich und äußerlich ein erfülltes Leben und wären auf keine Erlebnissurrogate, keinen Lebensersatz mehr angewiesen:

Wieviel Konsumgüterproduktion, wieviel industrielle Verwüstung, wieviel Verschleiß an Energie, Wasser und Rohstoffen könnten unserer Erde erspart bleiben! Auf wieviel Umweltzerstörung könnte verzichtet werden, wenn die Inwelt in Ordnung wäre! Ein Gemeinschaftsleben mit erfüllter Sexualität und schöpferischer Pionierarbeit würde eine ganze pharmazeutische Industrie ersetzen. Nach dem Erlöschen der inneren Zerstörungskräfte würden die Reste der Rüstungsindustrie wie rostige Ruinen am Morgenhimmel stehen und verwittern.

Die Zusammenhänge sind klar. Die derzeit laufenden ökologischen Bemühungen zur Verhinderung einer ökologischen Katastrophe müssen verbunden werden mit noch stärkeren

Bemühungen zur Lösung der menschlichen Frage. Die ökologischen Konzepte müssen verbunden werden mit neuen Konzepten für Liebe und Gemeinschaft. Anders gibt es werde hier noch dort eine überzeugende Perspektive. Es geht heute nicht mehr um die Frage, ob wir es tun können; es geht um die Tatsache, daß wir es tun müssen.

Zum Schluß noch ein Wort für die einfachsten Dinge, die wir meinen: Könnte ein Junge, der eben ein Mädchen geliebt hat, ein Kaninchen quälen? Könnte ein Stasi-Funktionär, der das Vertrauen in der Liebe gefunden hat, ein Stasi-Funktionär bleiben? Hätte Erich Honecker seine Schießbefehle geben können, wenn sein Leib von Liebe erfüllt gewesen wäre? Könnte eine Frau, die in sich durch eine Erfahrung der sinnlichen Liebe die leidende Kreatur verstanden hätte, einen Pelzmantel tragen? Könnte eine Liebespaar, das eben einen Meeresstrand begattet hat, denselben mit Müll verschmutzen?

Sie könnten es nicht, denn sie stünden an einem Punkt der Erfahrung, wo andere Gesetze gelten. Man kann kein Leben vernichten, wenn man es gerade selbst empfangen hat. Ab einer bestimmten Bewußtseinsstufe schließen sich Liebe und Zerstörung endgültig aus. Befreite Geschlechterliebe ist, wenn sie voll aufgenommen ist, die Liebe zu aller Kreatur. Möge es gelingen, daß der gleiche Einsatz, der heute für den Kampf um Greenpeace erbracht wird, morgen mit doppelter Leidenschaft für die Verwirklichung von Sexpeace bereit ist.

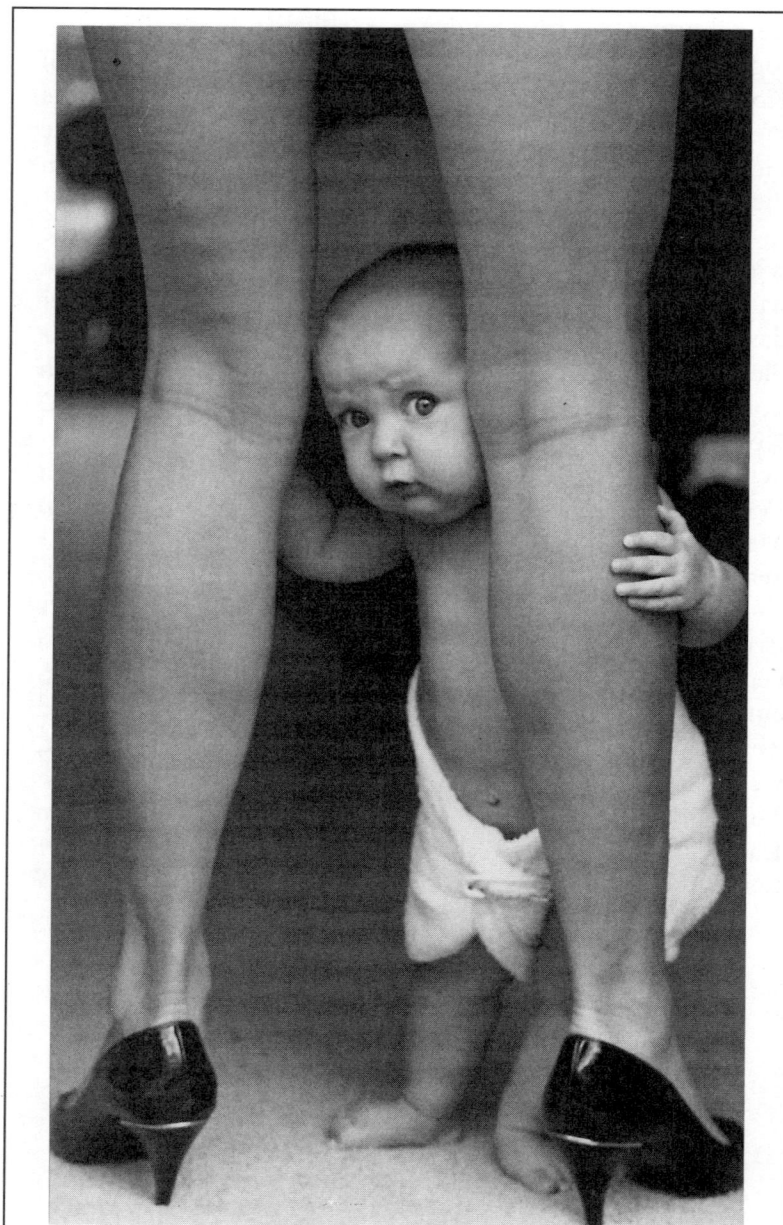

Heimat für die Kinder

Wo glückliche Kinder aufwachsen, da ist Heimat auch für die Erwachsenen.

Was für ein Glück der Kinder? Was ist ein Kind? Was sind ihre Anlagen, die wir sehen und unterstützen müssen, damit sie freie und erfüllte Menschen werden?

Vielleicht sollten wir einmal alles vergessen, was wir an pädagogischen und sonstigen Vorstellungen erworben haben, und noch einmal genau hinschauen. Die Frage des Kinderaufwachsens ist zunächst einmal keine pädagogische Frage, sondern eine Frage der Wahrnehmung. Kinder müssen zunächst nicht erzogen werden, sondern verstanden werden. Erst wenn wir sie sehen und verstehen, können wir sie auch lenken und unterstützen. Darin liegt weder ein autoritäres, noch ein antiautoritäres Prinzip, sondern das allereinfachste Prinzip der Teilnahme und der Wahrnehmung. Kinder finden dort von selbst ihre Heimat, wo sie verstanden und deshalb geliebt werden. Dies allerdings ist in unserer schnellebigen und wahrnehmungsblinden Welt ein gewaltiger Aspekt.

Haben wir schon einmal die ungeheure Wachheit wahrgenommen, mit der Kinder schon wenigen Wochen nach ihrer Geburt in die Welt schauen? Haben wir uns berühren und erschüttern lassen von der Aufmerksamkeit ihrer großen Augen? Haben wir die absolute Präsenz dieses Geistes gespürt, der da in die Welt blickt? Wir dürfen da nicht unsere erwachsenen Maßstäbe anlegen, denn diese unmittelbare Wachheit des Geistes, diese absolute Identität eines wahrnehmenden Lebens haben wir im Alltagsnebel längst verloren. Hier liegt die erste Qualität der Kinder, die wir pflegen und schützen müssen: ihre geistige Kraft für Wahrnehmung, Staunen, Neugier und Erkenntnis. Das Kind ist von Anfang an ein erkennendes Wesen, und wo dieser Erkenntnisvorgang von Erwachsenen wahrgenommen und unterstützt wird, da hat es seine erste geistige Heimat. Von der hängt seine weitere geistige Entwicklung ab.

Es ist keineswegs selbstverständlich, daß Eltern unter den Bedingungen der bestehenden Gesellschaft ihre Kinder lieben. Zwischen dem alltäglichen Betrieb der Erwachsenen und dem Kind, das zwischen den Beinen der Erwachsenen hindurch seine Welt entdeckt, besteht oft kaum eine geistige Verbindung und Wahrnehmung. Es ist aber gerade diese Wahrnehmung, die jenseits aller emotioneller Launen eine viel tiefere Liebe und Sicherheit beim Kind erzeugt. Ein Kind lieben heißt, es erkennen. Das gilt für jede wirkliche Liebe zu einem Menschen. Wo das Kind in diesem Sinne geliebt wird, da hat es seine Heimat, auch wenn es manchmal etwas ruppig zugeht. Es verlangt dann nicht nach weiteren Liebesbeweisen, denn es lebt ohne die Angst der Trennung. Dies ist vielleicht die Grundlage aller wirklichen Heimat: daß wir im Innersten keine Trennung mehr befürchten müssen. Liebe ohne Trennungsangst.

Schafft Heimat für die Kinder. Schafft Strukturen der Liebe und der Teilnahme, wo Kinder ihren Eltern wieder vertrauen können. Wo Vertrauen ist, da ist die Heimat aller Kreatur. Wir selbst, wir Erwachsenen, möchten es lernen, die Welt noch einmal so neu und ursprünglich zu entdecken, wie Kinder sie entdecken. Ein Kind lernt seine Muttersprache, ohne eine einzige Vokabel gepaukt zu haben. Was ist hier für uns Erwachsene alles zu verstehen, wenn wir Zeit, Frieden und Lebensfreude wiedergefunden haben! Wo wir Kindern die Heimat schaffen, da schaffen wir sie auch für uns selbst.

Der erlöste Eros

Stell' dir vor, du wachst eines Morgens auf und merkst, daß du keine Angst und keinen Haß mehr in dir hast. Du erinnerst dich an die gewohnheitsmäßigen Sorgen der letzten Jahre, aber du hast sie nicht mehr. Die Vergangenheit ist in dir als ein Schatz von Erfahrung und Wissen, aber nicht mehr als Emotion und nicht mehr als irgendeine Quelle des Schmerzes. Du denkst zurück an deine Freunde und Beziehungen, an geglückte oder mißglückte Erlebnisse, aber du brauchst dich für nichts mehr zu verteidigen, denn es bedroht dich nichts mehr. Du siehst deine früheren Freunde und Freundinnen so wie damals, als du sie geliebt hast, und du merkst, daß du sie eigentlich auch jetzt noch liebst. Du würdest dich freuen, sie wiederzusehen, denn alle Verwicklungen von Angst, Schuld, Rechtfertigung und Kampf sind von dir abgefallen. Du erinnerst dich genau und weißt, was geschehen ist, aber in deiner Seele und deinem Leib ist keine Angst mehr und auch kein Haß, denn der ist auch nur aus der Angst entstanden. Du siehst mit klarem Blick diese ganzen Zusammenhänge, aber du grübelst nicht darüber nach, denn es gibt jetzt nichts weiter zu erklären, zu lösen oder zu problematisieren. Die aufgehende Sonne trifft dich über dem Nebel deiner früheren Verwicklungen. Du bist jetzt erfüllt von dieser leuchtenden Welt, die bis heute unbeirrbar durchgehalten hat. Ein wortloses Gefühl von Dank und Liebe erfüllt dich so sehr, daß dir selbst die Zigarette komisch vorkommt, zu der du sonst gewohnheitsmäßig gegriffen hättest. Irgendwie kennst du diesen Zustand vollkommener Gesundheit; es ist wunderbar, daß er jetzt – nach so vielen durchkämpften Jahren und Jahrzehnten – wieder da ist.

Dies sind Augenblicke in unserem Leben, wo die Vision einer anderen Daseinsmöglichkeit so real und konkret in unser Dasein hereinleuchtet, daß wir nicht einfach wieder zur Tagesordnung übergehen können. Das Erlebte ist Realität. Es gibt ein Leben ohne Angst; es gibt neben allen Zerrissenheiten eine heile Welt, es gibt den Gnadenstand der Liebe. Das Universum aller Dinge ist so eingerichtet, daß es diese Möglichkeit für uns bereithält. Alle, die diesen Zustand erfahren haben, können es bezeugen. Es gibt eine Wahrnehmung, wo uns die Dinge als Geschenk entgegenkommen. Ich gehe hinunter ins Morgenbistro und bestelle einen Kaffee. Die Bedienung wäre mir sonst nicht aufgefallen, aber jetzt nehme ich sie wahr. Es ist eine Freude, sich zu begrüßen; es ist eine Freude, in diesem Raum zu sitzen. Hier werden ganz nebenbei und mühelos die einfachsten menschlichen Verbindungen geschaffen. Es ist nicht schwer, sich auszumalen, wie eine solche Entwicklung weitergehen könnte im Tagesgetümmel des Alltags. Wo keine Angst mehr ist, da ist auch kein zehrendes Verlangen und keine Bedürftigkeit der alten Art, auch kein Zwang zur inneren Reaktion. Man strahlt etwas aus, das einen schützt, und in diesem Schutz handelt man mit einer Leichtigkeit, die alle Barrieren überwindet. Auch gegenüber den attraktivsten Vertretern des anderen Geschlechts. Wenn da keine Angst und keine Barriere mehr ist, dann entsteht pure Freude. Was haben wir problematisieren müssen, wenn es um erotische Kontaktaufnahme ging! Jetzt geschieht sie ohne besondere Absicht von selbst. Ein östliches Sprichwort sagt: Schwierigkeiten werden durch Leichtigkeit überwunden. Wenn diese Leichtigkeit da ist, sind die Schwierigkeiten weg. Dann offenbart sich diese Welt in ihren eigentlichen Möglichkeiten. Schwierigkeiten haben mit Schwere zu tun, und schwer sind wir, wenn wir in entsprechenden Energien stecken. Aber jetzt, wo diese Energien von uns abgefallen sind, stehen wir fest und sicher außerhalb dieser Projektionswelt. Wir haben keinen Grund zur Angst, denn wir sind beschützt, und wir haben auch keinen Grund zur Wut, denn im liebenden Zustand verurteilt man nicht, man braucht keinen Ingrimm in sich hineinzuschieben, denn man hat ja die Freiheit, angstlos zu handeln. Wenn ich jetzt ein Weib sehe, das mir gefällt, dann wird mir schon das Richtige einfallen. Und wenn sie sicherheitshalber zunächst einmal abdreht, kann ich ihre Reaktion akzeptieren ohne persönliche Betroffenheit. Ich brauche keine Ausrede und keine Rechtfertigung zu erfinden. Ich würde ihr einfach gerne mitteilen, daß sie mir sexuell gefällt, das ist alles. Ich weiß genau, daß sie nichts lieber hört als das. Aber ich kann in derselben Gesundheit weiterleben, wenn sie trotzdem Nein sagt. Vielleicht klappt es später. Ich muß nicht mehr emotionell auf ihr Nein reagieren, denn ich sehe dahinter ihre eigene Thematik, ihre verschwiegene Lust und ihre Erwartung. Sie ist ja wie ich, nur umgekehrt. Sie braucht wie ich die Situation der Leichtigkeit, um mein Kontaktangebot mit Freude anzunehmen. Ich pflücke eine Margerite und stecke sie ihr in den Ausschnitt.

Bist du einmal abends auf eine Hafenmole hinausgelaufen und dort einer Frau begegnet, die genauso allein war wie du? Ist es nicht komisch, dann wortlos aneinander vorbeizugehen? Hat man nicht hinterher ein ungutes Gefühl, fast ein schlechtes Gewissen? Hätte man sich nicht in einer freieren Welt einfach neben sie gestellt und mit ihr zusammen aufs Meer geschaut? Und wenn man dann, in dieser Umfangenheit der Elemente, dem selbstverständlichen Eros gefolgt wäre und wenn sie keinen Mann hätte, der argwöhnisch in der nächsten Taverne auf sie warten würde, würde man so einen Kontakt hinterher bereuen müssen? Ist nicht diese ganze Welt eine Liebesaffäre, wenn wir sie nicht einspannen in unsere ängstlichen Regeln? Könnten nicht viele Männer und Frauen mit glücklicheren Augen in die Welt schauen, wenn solche Kontakte natürlicher und selbstverständlicher wären? Woran denkt die Frau, die mit ihren üppigen Formen allein auf ihrem Liegestuhl liegt? Kann ich ihr nicht hinüberrufen, ob ich ihr einen Wunsch erfüllen kann? Der erlöste Eros lebt von solchen Taten, auch von den kleinsten Gesten. Muß man bei der Kassiererin im Supermarkt wirklich nur bezahlen? Muß ich es immer wieder unterdrücken, daß ich auch ihren Hals und ihre Brüste wahrnehme? Es geht gewiß nicht immer gleich ums Bett, aber es geht um die Entfernung jenes inneren Riegels, welcher den eigentlichen menschlichen und sinnlichen Kontakt versperrt. Überall, überall. Wir haben uns so gewöhnt an die Verheimlichung, daß wir es kaum noch merken. Wir bauen einen Schein auf, der uns am Leben und an der Liebe hindert. Wir leben in einer echten Scheinwelt.

Die Erlösung des Eros ist die selbstverständliche Offenbarung des sexuellen Interesses. Je selbstverständlicher sie geschieht, um so identischer werden wir mit uns selbst. Und je identischer wir mit uns selbst werden, um so weniger Angst flößen wir den anderen ein.

Ich möchte anschließen an die Gedanken im Kapitel über Eros und Religion. Wir sind aufgetaucht aus dem Nebel von Verwicklung und Angst, wir blicken in eine andere Welt. Wir schauen hinein in die neuen Räume, aus denen uns keine Bedrohung mehr entgegenkommt. Es ist eine feierliche Überraschung, diese Welt wiederzusehen. Wir erkennen mit dankbarem Erstaunen die Sebstverständlichkeit der Zusammenhänge. Liebende Menschen, welche die Angst überwunden haben, haben keine Zäune und keine Masken mehr. Wie freundlich sie einem entgegenkommen! Die Welt, die befreit ist von Zäunen, ist eine Liebesaffäre. Es gibt nicht den geringsten Zweifel an der Realität dieser Wahrnehmung. Es ist wie das Erwachen aus einem langen Alptraum. Und wieder staunen wir über jene Verkleinerung des Lebens, die wir in den alten Strukturen von Abriegelung und Eifersucht als »Normalität« empfunden haben. Diese Art von Offenbarung ist wie ein Wunder, und das Glaubhafte dieses Wunders liegt darin, daß wir es im Innersten schon kennen. Aufgewacht in einer größeren Daseinsmöglichkeit sehen wir Gedanken und Bilder, die uns so vertraut sind wie unser Eigenstes.

Es gibt keine größere Sehnsucht und keine größere Liebe als die zwischen den Geschlechtern. Und diese Geschlechter, Männer und Frauen, treffen sich überall. Sie sind aber in der Welt des unerlösten Eros gezwungen, so zu tun, als wäre nichts. In Wirklichkeit ist da alles. Immer und überall ist da alles, das ganze Thema. Es beginnt nicht erst, wenn wir eine

Frau oder einen Mann fürs Leben gefunden haben, und es hört damit auch niemals auf. Das Thema der sexuellen Anziehung ist das Thema des Menschen, solange er geteilt ist in Mann und Frau, und das wird wohl so bleiben. Wir haben uns im Namen der Liebe zu arrangieren mit diese elementarsten Tatsache, daß wir sexuelle Wesen sind. Wir haben im Namen der Liebe die Aufgabe, die Sexualität von allem Schutt und aller Bosheit zu befreien, damit sie das bewirken kann, was in ihr angelegt ist: die Freude der Geschlechter aneinander und die Auferstehung der Liebe auf unserem Planeten. Im Namen der Wärme für alles, was Haut und Fell hat und im Namen aller Kinder.

Buchhinweise

Georges Bataille: Der heilige Eros (Ullstein)

Renate Daimler: Verschwiegene Lust / Frauen über 60 erzählen von Liebe und Sexualität (Kiepenheuer & Witsch)

Karlheinz Deschner: Das Kreuz mit der Kirche (Heyne Taschenbuch)

Heide-Marie Emmermann: Credo an Gott und sein Fleisch (Hoffman und Campe)

Erica Jong: Angst vorm Fliegen (Fischer Taschenbuch)

Sabine Kleinhammes (Hrsg): Rettet den Sex. Ein Manifest von Frauen für einen neuen sexuellen Humanismus (Verlag Meiga)

Beate Möller (Hrsg): Die Heilige und die Hure (Verlag Meiga)

Fritz Zorn: Mars (Fischer Taschenbuch)

Hans Jenny: Das sensible Chaos (Verlag Freies Geistesleben)

J. W. v. Goethe: Die Leiden des jungen Werther (Reclam)

Richard Bach: Die Möwe Jonathan (Ullstein)

Sina-Aline Geißler: Die Lust zur Unterwerfung (Moewig)

Wilhelm Reich: Die Entdeckung des Orgons
(Fischer Taschenbuch)
       Band 1: Zur Funktion des Orgasmus
       Band 2: Der Krebs

Eugen Herrigel: Zen und die Kunst des Bogenschießens (Barth Verlag)